丛书主编 邵丽云

自主学习校本教材系列丛书

高中视角下的数学引桥课程

何娟 张帆 邵丽云 潘洪艳 编著

山东大学出版社

图书在版编目（CIP）数据

高中视角下的数学引桥课程/何娟等编著．—济南：
山东大学出版社，2020.8
（自主学习校本教材系列丛书/邵丽云主编）
ISBN 978-7-5607-6663-8

Ⅰ.①高…　Ⅱ.①何…　Ⅲ.①中学数学课—高中—教
学参考资料　Ⅳ.①G633.603

中国版本图书馆 CIP 数据核字（2020）第 136028 号

策划编辑　姜　山
责任编辑　宋亚卿
封面设计　张　荔

出版发行　山东大学出版社
社　　址　山东省济南市山大南路 20 号
邮政编码　250100
发行热线　(0531)88363008
经　　销　新华书店
印　　刷　济南巨丰印刷有限公司
规　　格　787 毫米×1092 毫米　1/16
　　　　　8.75 印张　200 千字
版　　次　2020 年 8 月第 1 版
印　　次　2020 年 8 月第 1 次印刷
定　　价　36.00 元

前　言

不少刚进入高中的同学都感觉高中数学难。高中数学到底难在哪里呢？根据多年的高中数学教学经验，我们觉得难就难在初、高中数学无论是在知识的广度和难度上，还是在思维模式和学习方法上，都存在较大的差异，高中数学相比初中数学上了一个“高台阶”。特别是在新一轮课程改革后，对初中数学的教学要求有所降低，有些学习内容是高中数学所必须具备的基础知识、常用方法和基本能力，在初中的教材中却进行了淡化处理，有的甚至不作要求。由于高中数学课时紧张，没有充足的时间补充强化初中内容，造成一部分重要的数学知识与方法成了学生学习的“洼地”。如何引导学生渡过这片“洼地”呢？本书试图给即将进入高中学习或已经入高中学习的同学们搭建一座“桥梁”，弥补他们知识储备的漏洞和基础知识的不足，夯实他们学习高中数学的知识基础，使他们初步接触高中数学中与之相关的重要内容。希望同学们能够通过这本书的自主学习顺利通过“洼地”，开启高中数学学习的愉快之旅。

本书从高中数学学习准备的两个方面进行引导。第一方面，即第一章从学生们都很关心的几个问题入手，如高中数学学什么，高中数学与初中数学相比有哪些变化，高中数学知识与初中数学知识有哪些“脱节”点，高中数学怎么学，针对学生常见的疑问进行解答，以帮助他们了解高初中数学学习的差异，尽快熟悉高中数学内容，指导他们掌握高中数学的学习方法，使他们为学好数学做好思想方法准备。第二方面，即第二章代数知识、第三章几何知识，主要是从知识方面引导学生做好准备。第二章代数知识部分，除了补充初中的代数知识外，还增加了在高中视角下的扩展知识，如高中视角下的二次函数最值，高中视角下的一元二次不等式的解，高中视角下的一元二次不等式恒成立问题，高中视角下的一元二次方程根的分布，高中视角下的含绝对值的函数与不等式，高中视角下的高次不等式的解，高中视角下的简单分式不等式的解，高中视角下的二次根式化简与分数指数幂，高中视角下的函数图象的变换，函数的简单应用。这部分内容既是初中代数知识的延续，需要在高中代数学习中进一步加深，同时又是高中数学重要的基础知识，也是难点。这部分内容蕴含了丰富的数学思想方法，让学生提前接触、多次接触，可为他们分解高中数学学习中的难点，掌握高中数学学习中的重点做好准备。第三章几何知识部分，把初中一些与高中数学知识联系密切的重要的几何基本定理进行了归类梳理与证明，如与三角形、四边形有关的基本定理，三角形“四心”的常见结论，直线与圆、圆与圆的位置关系，高中视角下的点的轨迹。这些内容在初中数学的学习中是分散的，也有些定理在初中数学中是不讲的，但它们在高中数学的立体几何、解析几何学习中有着非常重要的作用。本章的学习可为同学们学好高中几何做一些必要的知识储备。

通过这本书的自主学习，希望同学们能尽快了解高中数学学习方法，适应高中数学学习生活，养成良好的学习习惯，提升数学学习信心，初步掌握高中数学思想方法，进一步提高运算能力、空间想象能力、逻辑推理能力和分析问题、解决问题的能力。希望这本书能帮助同学们闯过高中数学的第一道坎。同时，这本书也可为高中新教师了解和掌握初中数学学习内容提供参考。

编　者

2020 年 3 月

目 录

第一章

高中数学学习准备

第一节　高中数学学什么

进入高中以后，同学们一定很关心高中数学学什么，学习方法是什么，高中数学是否难学，等等．这也是这本书想告诉同学们的．从2019年开始，全国高中统一使用新教材，虽然各地市使用的教材版本不同，但每个版本的教材都是遵循国家课程标准设定的教学结构、教学内容组织专家编写而成的．新教材在内容以及内容的编排顺序上有不少变化．在高初中知识的衔接方面，新教材增加了一些衔接知识，由于高中课时有限，因此衔接内容比较少，一般仅限于等式、不等式、二次函数等内容，其他知识的衔接需要同学们自己复习，或由老师教学时补充．

下面先介绍一下新教材的课程结构，共分为三部分：第一部分是必修课程，第二部分是选修1课程，第三部分是选修2课程．教学内容以函数、几何与代数、统计与概率和数学建模与数学探究活动四条主线呈现，并将数学文化融入课程内容．

以人民教育出版社出版的A版教材为例，高中数学教材共五册(高考要求的部分)．其主要内容分别是：必修第一册，共有五章．第一章：集合与常用逻辑用语；第二章：一元二次函数、方程和不等式；第三章：函数的概念与性质；第四章：指数函数与对数函数；数学建模，建立函数模型解决实际问题；第五章：三角函数．

必修第二册，共有五章．第六章：平面向量及其应用；数学探究，用向量法研究三角形性质；第七章：复数；第八章：立体几何初步；第九章：统计；第十章：概率．（以上两册必修为高中学业水平考试要求内容）

选择性必修第一册，共有三章．第一章：空间向量与立体几何；第二章：直线和圆的方程；第三章：圆锥曲线的方程．

选择性必修第二册，共有两章．第四章：数列；第五章：一元函数的导数及其应用．

选择性必修第三册，共有三章．第六章：计数原理；数学探究，杨辉三角的性质与应用；第七章：随机变量及其分布；第八章：成对数据的统计分析；数学建模，建立统计模型进行预测.（以上三册选修为高考要求内容）

选修系列：A. 数理类，B. 经济、社会类和部分理工类，C. 人文类，D. 体育、艺术类，E. 拓展、生活、地方、大学先修课程.（此选修系列为选学，高考不作要求）

新教材增加了数学文化、数学建模内容. 新教材不仅将数学文化融入了正文内容之中，而且以“文献阅读与数学写作”栏目为载体对数学文化提出了具体的学习要求. 例如，函数的形成与发展，对数概念的形成与发展，几何学的发展，解析几何的形成与发展，微积分的创立与发展. 数学建模活动设置在与现实联系紧密的函数、概率与统计等主题中，数学探究活动设置在数学知识的交汇点上.

第二节　高中数学相比初中数学的变化

《孙子·谋攻篇》云：“知己知彼，百战不殆；不知彼而知己，一胜一负；不知彼，不知己，每战必败.”为了尽快适应高中的学习生活，同学们需要全面了解高中数学学习内容、方法的变化，以及与初中数学的差异，提前做好心理与知识的准备，不打无准备之仗. 下面结合高中数学与初中数学教学内容的特点，分析一下高中数学有哪些变化.

从数学语言上来说，高中数学语言在抽象程度上发生了突变. 初中数学中的多数知识点与学生的日常生活实际较贴近，且教材遵循从感性认识上升到理性认识的规律，叙述方法比较简单，语言通俗易懂，直观性、趣味性强，学生容易接受、理解和掌握. 相对而言，高中数学概念较抽象，逻辑性强，教材叙述比较严谨，知识难度加大，对学生抽象思维能力与空间想象能力的要求明显提高. 比如，高一数学一开始就触及非常抽象的集合语言、逻辑运算语言、函数语言、图象语言等. 以函数为例，在初中学习的“函数”非常具体，会非常明确地告诉你有这样一个函数，它的形状是什么样子的，它的坐标是什么样子的，它的对称轴是什么样子的. 可是到了高中，是以“集合”“对应”的观点定义函数的，可能只是给出一个抽象的式子，这个式子里的函数内容只会用 $f(x)$ 来表示. 这个 $f(x)$ 到底代表什么呢？在理解上更为抽象.

在函数性质的描述上，高中数学已经不像初中数学那样侧重于直观语言与自然语言描述. 高中数学需要进行三种语言的转换，特别是数学符号语言. 例如函数的单调性，用三种语言表述分别为：“函数图象从左到右上升”——直观，这是初中要求的；“当 $k>0$ 时，y 随 x 的增大而增大”——描述，这是初中可以理解的；“当 $k>0$，$x_1<x_2$ 时，$y_1<y_2$”——抽象，这是高中要求掌握的.

高中的立体几何也削弱了直观性而突出了抽象性和空间想象能力. 这就是说，学生的思维要从直观经验型向抽象理论型过渡．高中的知识会由二维变为三维，如初中学的是平面直角坐标系，而到了高中坐标系又多一维出来，将学习空间直角坐标系，学习在坐标系下用代数方法研究几何问题，这也就是高中要学习的立体几何、解析几何．

就思维方法而言，高中数学的思维方法向理性层次跃迁．由于初中知识比较浅，大部分内容仅限于个体描述、直观理解，学生很容易陷入统一的思维模式．高中数学在思维形式上产生了很大的变化，因为数学语言的抽象化对思维能力提出了更高要求．高中知识一下子上升到了需要解决一类问题，如解方程与不等式，在初中只要求会解决具体系数的即可，高中则要求会解决带有字母系数的方程与不等式问题，需要用分类讨论、转化与化归、数形结合、函数与方程等思想方法解决问题．当然，思维能力的发展是渐进的，不是一朝一夕的事．这种思维能力要求的突变使很多高一新生感到不适应，故而导致他们成绩下降．高一新生需要从数学学习的每一个内容开始理解、体会数学知识中蕴含的数学思想方法，逐步学会运用，就一定能从经验型抽象思维向理论型抽象思维过渡，并初步形成辩证性思维．

高中数学与初中数学另一个明显的不同是，高中数学知识的“量”急剧增加．初中数学知识少、难度小、知识面窄，高中数学知识广泛，学生单位时间内接受知识信息的量与初中相比增加了许多．有不少高中数学知识是对初中数学知识的推广和引申，也是对初中数学知识的完善．例如，初中学习的角的概念只是$0°\sim180°$范围内，但实际中有$360°$和$720°$等角，为此，高中把角的概念推广到任意角．也就是说，高中学习的角的概念，是包括正、负在内的所有大小角．又如，高中要学习立体几何，在三维空间中求一些几何体的体积和表面积．高中还将学习“排列组合”知识，以便解决组合计数等问题．初中对于数的研究仅限于实数范围，对一个负数开平方无意义，但在高中规定了虚数单位$i^2=-1$，就使-1的平方根为$\pm i$．即可把数的概念进行推广，使其扩大到复数范围等．这些知识在以后的学习中将逐渐学习到．由此，在高中课时有限的情况下，辅助练习、消化的课时会相应地减少，以至于进入高中后感觉每天的数学课都是新课．这就要求学生每一节课都要认真听课．

高中数学知识的独立性增大．初中数学知识的系统性比较强，平面几何尤其如此，这个系统给学生的学习带来了很大的方便，因为它便于记忆，又适合进行知识的提取和使用．但高中的数学有些不同，它是由几块相对独立的知识拼合而成的．例如，高一有集合、命题、不等式、函数的性质、指数和对数函数、指数和对数方程、三角函数、数列等内容．经常是一个知识点刚学得有点入门，马上又有新的知识出现．因此，注意它们内部的小系统和各系统之间的联系成了学习时必须花力气的着力点；否则，综合运用知识的能力必然会欠缺．

随着年龄的增长，学生的接受能力、理解能力也会提高．进入高中后，数学教材的内涵更加丰富，教学要求不断提高，教学进度相应加快，这就决定了高中数学每节课的内容较初中时要多，即密度加大了．教师在教法上也随之发生变化．初中数学的教学要求较低，因而教学进度较慢，对于某些重点、难点，教师有充裕的时间反复讲解，学生可以通过多次演练来弥补不足；教师常常把知识掰开揉碎地讲，同时会选择相当数量的习题去巩固这一知识．而在高中常常在新知识的开始阶段，例题就有一定的坡度；知识的重点和难点也不可能像初中那样通过反复强调来为学生排难释疑．高中教学往往先通过设导、设问、设陷、设变，启发引导，开拓学生思路，然后由学生自己思考、解答，比较注意知识的发生过程，侧重于对学生思想方法的渗透和思维品质的培养．尤其强调知识的“以旧带新”和“横向、纵向的沟通、联系”．一节课下来，学生似乎是听懂了，但一遇到作业常常感到不能熟练运用知识，思路不通畅．总感觉新知识还没有完全掌握，更新的知识又接踵而来，这使得刚入高中的部分学生不适应教学方法，听课时存在思维障碍，跟不上老师的思维，从而产生学习障碍，影响数学的学习．

在充分了解高、初中数学差异的基础上，学生需要正确认识差异，有针对性地开展学习，克服差异给学习带来的障碍．

第三节　高中与初中数学知识的“脱节”点

在高中数学学习中，常有老师讲，这个你们在初中已经学过了，高中就不讲了．其实，有一些内容初中也没有讲或讲的深度不够，不足以支撑高中数学的学习．那么，高中与初中数学知识有哪些“脱节”点呢?

比较典型的脱节点有以下几条：

指数运算、三角运算、立方和与差的公式、多项式化简以及在高中有重要作用的二项式定理，在初中已删去不讲，这需要衔接补充．

因式分解在初中一般只限于二次三项且系数为“1”的分解，对系数不为“1”的涉及不多，而且对三次或高次多项式因式分解几乎不作要求，但高中教材中的许多化简求值都要用到，如解方程、不等式等．很多学校在高中数学的教学过程中，都是直接将该知识当已知内容讲授的．

二次根式中对分子、分母有理化，这也是初中不作要求的内容，但是分子、分母有理化却是高中函数、不等式常用的解题技巧，特别是分子有理化，在一些放缩求解、裂项求解、解方程、解不等式的过程中，经常被使用到，所以一定要提前熟练．

初中教材对二次函数的要求较低，学生处于了解水平．二次函数的图象和性质是初高中衔接中最重要的内容，二次函数知识的生长点在初中，而发展点在高中．如配方、作简图、求值域、解二次不等式、判断单调区间、求最大与最小值、研究闭区间上的函数最值，以及用导数求极值点等是高中数学中必须掌握的基本题型与常用方法.

二次函数作为一种简单而基本的函数类型，是历年来高考中的一项重点考查内容，经久不衰. 通过分析二次函数的开口方向、对称轴、与 x 轴的交点个数去分析相应方程的解、不等式的解、根的分布问题，由此衍生来的函数、方程、不等式之间的内在联系，二次函数、二次不等式与二次方程的联系，根与系数的关系(韦达定理)在初中不作要求，此类题目仅限于简单常规运算和难度不大的应用题型；而在高中二次函数、二次不等式与二次方程之间的相互转化被视为重要内容，要注意思考与理解. 由根的分布问题产生的参数分析思想、分类讨论思想、数形结合思想，可以说是整个高中框架的起点与基石. 这一类问题，既是基础点，也是难点、易错点. 所以这个内容是衔接内容的重中之重.

图象的对称、平移、翻折变换，初中只作简单介绍，且侧重于图形变化，不研究解析式的变化，而在高中讲授函数后，对其图象的上、下、左、右平移，两个函数关于原点、轴、直线的对称问题，不仅关注图形变化，更加关注解析式的变化."左加右减、上加下减"的口诀要在理解的基础上牢记于心，函数图形关于直线对称、关于点对称如何变化，绝对值对函数图象的影响，这些都是要重点理解的. 这对于理解与掌握高中数学四大思想之一的数形结合思想，至关重要. 数形结合是将高中抽象的部分具象化的重要手段，如果不懂数形结合，学习高中数学的难度要增加三成.

含有参数的函数、方程、不等式，初中教材中不作要求，只作定量研究；而在高中，这部分内容被视为重点、难点. 方程、不等式、函数的综合考查常成为历年高考综合题. 在衔接过程中，主要学习二次函数含参数的问题，理解二次函数、二次方程、二次不等式的内在联系，为后面的幂函数、指数函数、对数函数、三角函数与相应的幂指对方程、三角方程和幂指对不等式、三角不等式之间内在联系的理解，埋好伏笔，做好铺垫. 高中数学讲究通性通法，也重点考查通性通法.

平面几何部分的一些概念、性质，如重心、垂心、外心、内心等，角平分线分线段成比例定理、射影定理、圆周角、弦切角、圆幂定理等，以及锐角三角形的一些内容，初中生很多都没有学习过，而高中教材中却常常会涉及，且经常要在解题过程中直接运用.

除了对知识及其应用的额外要求，高中数学还提出了对数学思维的更高要求. 这些要求在初中只是或多或少地涉及一些，高考时却是必须掌握的核心要求. 对这些思维方法的学习和提高贯穿整个高中学习阶段，通过高中的学习，同学们会逐步加深对它们的理解.

高中数学中的第五大数学思想方法是分类讨论思想，初中只要求在少数且明显的几类问题中使用分类讨论的方法，且局限在难题领域. 而在高中数学中，分类讨论思想却应用得非常广泛，可应用于各种难度的问题中，且经常会遇到需要使用分类讨论思想解决的问题，要求学生对分类讨论的分类标准划分有自己清晰的认识.

对于形式化的推理逻辑思维，初中重点要求实数领域基于数的运算和基础代数式的运算推理，且只要求存在一两种推理路径的推导. 通俗地说，就是需要算数，且推理方向是确定的. 高中基本上放弃了数的运算，是完全基于抽象函数、参数的运算推理，且推理中需要具备预先明确的思路，而不可以直接通过固定路径的推理直接获得解答. 通俗地说，就是较少需要算数，大多数运算都是通过代数式的恒等变形进行的，并且推理路径必须提前想好，基本不可以照抄以前题目的路径，因为每一个题目都不一样，机械式照抄照搬是行不通的.

对于抽象逻辑思维，初中基本不作要求，而高中函数部分却要求完全掌握.

对于数形结合思想，初中在函数部分有所涉及，但是基本只是直观应用，只要求掌握基础的函数和图象的关系；而高中却要求熟练掌握各种数形结合问题，并要求在数形结合中找到解决复杂逻辑问题的思路. 数形结合和导数结合还会形成高考压轴题.

对于数学归纳法、反证法等具体数学方法，初中不作要求，而高中却要求掌握，并能在适合的地方进行运用.

一些数学方法在初中与高中都有广泛的应用，如待定系数法，它是一种求未知数的方法. 一般用法是：设某一多项式的全部或部分系数为未知数，利用两个多项式恒等时同类项系数相等的原理或其他已知条件确定这些系数，从而得到待求的值. 从更广泛的意义上说，待定系数法是将某个解析式的一些常数看作未知数，利用已知条件确定这些未知数，使问题得到解决的方法. 在高中，求函数解析式，以及解析几何中求直线、圆、圆锥曲线的方程时常常用到待定系数法.

第四节　高中数学怎么学

在升入高中后，很多同学都面临着更多的课程、更多的作业和紧张的时间压力；由于高中与初中数学的差异，高中数学课程所包含的内容是初中数学的好几倍，并且在难度上高考数学也比中考数学难得多；会有一些中考数学考得好的学生到了高中，不能很快地适应高中的学习生活，学习数学时感觉到困难.

那我们如何应对这些问题呢？其实这些问题并不可怕，关键在于同学们要在之后的学习生活中努力养成以下几个良好的习惯：

养成遵纪守时的好习惯. 教育实践证明：能力是练出来的，习惯是在日常行为坚持过程中养成的. 在高中的课程安排和教学常规中，设置有课前三分钟准备、晚修分时段学习、教学三清（即堂堂清、周周清、月月清）等，这样设置就是为了培养同学们良好的遵纪守时习惯．希望同学们领会该设置的意图，配合学校的安排．在课前三分钟，提前回到自己的座位上，把课本和学习用品准备好，把自己的思想从课间活动中拉回来，在任课老师和课代表的指导下，或朗读课文、定理、定律，或背诵名句、单词、公式，或做小测验……课堂上，聚精会神地听老师讲课，深入思考和积极回答问题，善于做笔记，做到眼睛看、耳朵听、嘴巴说、脑筋想、手头记，充分调动和发挥各器官功能……晚修分时段学习，合理安排各科学习时间，做到复习、作业、预习三不误，要照顾到当天学习及第二天学习的全部学科，做到均衡发展，要主动到走廊上请教老师，维护课室里面安静的晚修秩序，提高晚修的效率．

养成专心听课的好习惯．高中学习期间，同学们的大部分时间是在课堂中度过的．因此，听课是学生接受教师指导、掌握知识、发展智力的中心环节，是获取知识的重要途径，是保证高效率学习的关键．听课时，有的学生全神贯注，专心听讲；有的分心走神，萎靡不振，打瞌睡；有的像录音机，全听全录；有的边听边记，基本上能把教师讲的内容都记下来；有的以听为主，边听边思考，有了问题就记下来；有的干脆不记，只顾听讲；有的边听边标记边思考．思考时，有的思考当堂内容，有的思考与本课相关的知识体系，有的思考教师的思路，有的拿自己的思路与教师的思路比较．

那么，怎样才能达到听好课的目的呢？听课，重要的不是"听"，而是"想"．听是前提，随之是积极地思考．要全身心地投入课堂学习，做到耳到、眼到、心到、口到、手到．耳到：就是专心听讲，听老师如何讲课，如何分析，如何归纳总结，另外，还要听同学们的发言，看是否对自己有所启发．眼到：就是在听讲的同时看课本和板书，看老师讲课的表情、手势和演示实验的动作，深刻地接受老师所要表达的思想．心到：就是用心思考，跟上老师的教学思路，分析老师是如何抓住重点、解决疑难的．口到：就是在老师的指导下，主动回答问题或参加讨论．手到：就是在听、看、想、说的基础上标记出教材的重点，记下课堂的要点以及自己的感受或有创新思维的见解．将课堂中的要点、思维方法等进行简明扼要的记录，以便复习、消化、思考．记笔记是为了学，为了懂，为了用．记笔记的原则是以听为主，以记为辅．要简练明白，提纲挈领，详略得当，书上有的不必多记．要做到难点不放过，疑点有标记．同时要不乱，不混，条理明．对于通过联想发现的问题，要及时记．笔记要留有空白处，便于复习时补缺．

概括起来，总的要求是：要抓住各学科的不同特点，带着问题听，听清内容，记住要点，抓住关键，着重听老师的讲课方法与思路、释疑的过程与结论．"自己动手"的课堂听讲是最科学的．

养成科学预习的好习惯．预习，即课前的自学，指在教师讲课之前，自己先独立地阅读新课内容．初步理解内容，是上课做好接受新知识的准备过程．有些学生由于没有预习习惯，对老师上课要讲的内容一无所知，坐等教师讲课，老师讲什么就听什么，老师叫干什么就干什么，学习就会很辛苦；有些学生虽能预习，但看起书来似走马观花，不动脑、不分析，这种预习一点也达不到效果．建议同学们在预习时要读、思、问、记同步进行，对课本内容能看懂多少就算多少，不必求全理解，疑难也不必钻深，只需顺手用笔做出不同符号的标记，把没有读懂的问题记下来，作为听课的重点．但对牵涉到的已学过的知识以及老师可能讲不到的小问题，自己一定要搞懂，以消灭“拦路虎”．预习应在当天作业做完之后再进行．时间多，就多预习几门，钻得深一点；反之，就少预习几门，钻得浅一点．切忌每天的学习任务还未完成就忙着预习，打乱了正常的学习秩序．若你以前没有预习的习惯，现在可以先选一两门自己学起来有点吃力的学科进行预习尝试，等尝到甜头，取得经验后，再逐渐增加学科，直到全面铺开．

对于数学基础不太好的同学，我主张课前预习．正确的方法是：先不打开书，自己设想这节课的内容、结构；然后打开书，看到要对某个概念进行定义时，马上盖上书，自己先试着定义一下；看到一个定理的第一句叙述后，盖上书自己猜想他的结论；看到一个公式时，也是这样；看到例题时，先不要看解法，自己先在纸上把它做一遍，再与书上的解法进行比较、思考……这样的预习，无论对知识的掌握，还是对思维的训练，都是有益的．

对于数学基础较好、思维反应敏锐的同学，我不主张课前预习．因为通过预习已经知道了课上要讲的内容、结论、推导过程、例题解法等，那么，课堂上还谈何“超前思维、真正做课堂的主人、在思维运动中训练思维呢”？这会白白浪费课堂上发展智力素质的机会．

养成及时复习、总结的好习惯．复习是对前面已学过的知识进行系统再加工，并根据学习情况对学习内容进行适当调整，为下一阶段的学习做好准备．因此，每上完一节课，每学完一个单元、一册书都要及时复习．若复习得适时恰当，知识遗忘得就少．早在1885年，德国的心理学家艾宾浩斯就通过实验发现，刚记住的材料，1小时后只能保持44%的记忆，1天后能记住33%，2天后留下的只有28%，6天后为25%．[①] 所有的人，学习的知识都会发生先快后慢的遗忘过程．一些记性好的学生也是因为能经常从不同的角度、不同的层次进行复习，做到“每天有复习，每周有小结，每章有总结”，从而形成了惊人的记忆力．很多学生记不住所学的知识，并不是脑子笨，而是不善于复习，或复习得不深．最好的做法是：(1)当天学的知识一定要当天复习；否则，内容生疏了，知识结构散了，重新学习花费的时间就会更多．复习的有效方法不是一遍遍地看书或笔记，而是要采取回忆式的复习方式：先把书本、笔记合起来回忆上课时老师讲的内容，如分析问题的思路、方法

① ［德］艾宾浩斯：《记忆心理学：通过实验揭秘记忆规律》，倪彩编译，中国纺织出版社2018年版，第125页．

等(也可边想边在草稿本上写一写)，尽量想得完整些；然后打开笔记与书本，对照一下看看还有哪些没记清的，把它补起来．这样既可好好地巩固当天课堂上所学内容，又可检查当天课堂听课的效果如何，同时还可以为改进听课方法及提高听课效率提供必要的帮助．(2)要紧紧围绕概念、公式、法则、定理、定律复习．通过追根溯源，思考它们是怎么形成与推导出来的，能应用到哪些方面．(3)要反复复习．学完一课复习一次，学完一章或一个单元再复习一次，复习方法同课后复习一样．最后，应做好单元小结．单元小结的内容应包括以下部分：本章(或单元)的知识网络；本章(或单元)的基本思想方法(应以典型例题的形式将其表达出来)；自我体会：对本章(或单元)内自己做错的典型问题应有记载，并分析其原因及正确答案，还应记录本章(或单元)你觉得最有价值的思想方法或例题，以及你还存在的未解决的问题，以便今后将其补上．学习一阶段再系统总结一遍，期末还要专门复习．通过这种步步为营的复习方式，形成的知识体系就不会消退．当我们学完一本书时，要能够自己把整本书的知识体系建立起来．

养成独立完成作业的好习惯．独立完成作业是深化知识、巩固知识、检查学习效果的重要手段，也是复习与应用相结合的主要形式．然而，有些学生却没有真正利用好这个环节，他们一下课就抢着做作业，作业一做完，就万事大吉；更有些学生课堂内容根本没听懂，下课后也不问，作业敷衍了事．其实，做好作业有以下意义：(1)可以检查自己的学习效果；(2)可以发现问题，增强自己解决问题的能力；(3)可以加深自己对知识的理解，有助于把易混淆的概念搞清楚，把公式的变换搞熟练，从而把书本上的知识转化成自己的知识．希望同学们都能按时、独立地完成作业．

做适量的练习题．有不少同学把提高数学成绩的希望寄托在大量做题上，这是不妥当的．事实上，要提高数学成绩，重要的不在做题多，而在于做题的效益要高．做题的目的在于检查你对所学的知识、方法是否掌握得很好．如果掌握得不准确，甚至有偏差，那么多做题反而会加深你的缺陷．因此，要在准确地把握基本知识和方法的基础上，做一定量的练习题，这是必要的．而对于中档题，尤其要讲究做题的效益，即做题后有多大收获．这就需要在做题后进行一定的“反思”，思考一下本题所用的基础知识、数学思想方法是什么，为什么要这样想，是否还有别的想法和解法，本题的分析方法与解法在解其他问题时是否也用到过，把它们联系起来，你就会得到更多的经验和教训．更重要的是，有助于你养成善于思考的好习惯，这将大大有利于你今后的学习．当然，没有一定量(老师布置的作业量)的练习是不能形成技能的．

养成限时、准确地做题、做作业的好习惯．在初中时，大家往往有足够的时间思考每一道题，甚至有的同学还形成了“反正时间够用，我就慢慢做”的心态；但是到了高中，不会再给你那么多的时间，因此在规定的时间内做出题目的能力就显得尤为重要．

那么如何养成限时做题的习惯呢？在平时做练习题时，每道填空题或选择题要限定在3～6分钟之内完成，如果在规定的时间内做不出来，就要算作自己做错的题．这可能是因为你的方法对这道题不是最适合的，因为出题人既然出这道题，就说明这道题有在规定的时间内做出来的方法．那就不必在此浪费太多的时间，而要继续做其他的题目．在完成所有会做的题目后，要学会自己检查正误，反思错误的原因，自我总结提升．只有平时限时做题，自己能判断正误，到高考时才不会每一道题都花那么多时间，时间才会被合理安排，做题时也会更加准确、自信．另外，无论是作业还是测验，都应把准确性放在第一位，把通法放在第一位，而不是一味地去追求速度或技巧，这也是学好数学的重要方面．

养成透彻领悟、高效掌握基础知识的习惯．“基础知识很重要!”这是从小学开始大家就被老师灌输的道理，这并非只是说说而已，而是要真正落实到学习过程中．学习好比是做菜，如果说你的学习能力、解题思维相当于一个厨师的刀工技术，那么基础知识就好比你做菜的原料，如果你的基础知识掌握得不牢固，即使你的数学思维再好也无济于事，就好比一个顶级厨师没有原料根本无法做菜一样．这就是巧妇难为无米之炊的道理．

但有的同学会说：“我已经‘重视’基础知识了啊，每个基础概念我都看过，但是考试的时候还是会犯基础知识不牢固的问题．”这其实是因为高中数学的理论性、抽象性强，数学的知识点比初中多，并且也复杂得多，想要做到对每个知识点都很熟悉并不是那么容易的．这就需要学生在对知识的理解上下大功夫，不仅要弄清数学概念的实质，还要弄清概念的背景及其与其他概念的联系．

掌握基础知识很重要，高效掌握更为重要．这里给同学们介绍一种新的学习方法——费曼学习法，简单地说就是做到能够用自己的话复述出相应的知识点或概念．同学们可以想一想看自己是否能够说出以下问题：什么叫作有理数？什么叫作无理数？怎么用代数语言去表达？如果说不出来，就说明你对初中学过的有理数、无理数的概念掌握得不牢固．当一个人做到能够用自己的话复述出相应的知识点的程度时，那么他也就达到了“掌握”的要求．

养成良好的数学思维习惯．你是否有数学课上听得懂，但是一做题总是偏离题目条件或者没有思路，考试时时间不够用的感觉？如果你有以上感觉，那就说明你还没有形成一个最佳的数学思维．打个比方，做一道数学题就好比你要从起点到达你的目的地，一个良好的思维就好比你拥有一套导航设备，它可以帮你迅速地确定你应该走的最佳路线，这会大大降低你走错路和绕弯路的概率．这就要求同学们解决数学问题时要有思考的意识．什么意思呢？就是我们解决每一个问题时都要有意识地去思考以下问题：我要怎么办？我知道什么？我能求什么？这些条件、这些式子和谁有关，它可能怎么变？它涉及了哪些知识，都有哪些可能性？而不是见到问题之后，一头雾水，手足无措．只有这样才能真正地理解一道题目，学会一道题目．做题时，一定要大胆地去分析，去动手算、画、变形，大胆地应用可能的公式．因为有时候只有写出来才能看出后续的思路．做过的典型题目，一定要在笔记本上进行总结．不同的题型有不同的方法，但不同的题型会有相同的解题思想．各种不同题型的解法也是数学知识的一种．要理解并牢记数学中的数学思想、数学方法、数学逻辑．常用的数学思想方法有数形结合的思想、分类与整合的思想、函数与方程的思想、转化与化归的思想．

养成课外自学、研究的习惯．课外自学与研究的目的是扩大知识面，开阔眼界，进一步提高应用所学知识解决问题的能力．课外自学的范围不宜过大，应该围绕所学的教材进度看一些课外参考书及数学杂志，做一些较新鲜或难度较大的习题．课外自学应该有计划、有节制地进行，不要因小失大，更不要影响对其他学科的学习．在课外自学的过程中，若发现一些新颖而有价值的习题、一些好的思维方法与解题方法，应该记下来，以便进一步学习掌握．基础较好、分析能力较强的学生，可以选 1～2 个专题深入地进行探讨和研究，把研究结果写成论文，用以培养和锻炼自己的思维能力．基础不太好、分析能力一般的学生，应该经常和基础好、分析能力强的同学在一起研究、探讨一些数学问题，从中学习他们好的数学思维方法．

方法是学好数学的必要条件．另外，还要记住以下两句话：“对一切来说，只有热爱才是最好的老师”“书山有路勤为径，学海无涯苦作舟”．有了兴趣，有了方法，再有勤奋的精神，我相信，每一个有志同学都能学好高中数学．

不要再被动地因为要学习而学习，而是要主动地寻求学习的方法．下面以函数为例，谈一下在高中学习函数时，如何以高、初中对函数概念的不同要求开展学习，加深对函数概念的理解．

函数是与高中学习直接衔接的、联系最紧密的知识．可以这么说，初中学的有关函数的知识、技能，所掌握的相关的解题方法、能力是高中学习函数的直接基础．在高中阶段学习函数时，需要边学习边思考．比如，在学习函数的概念时，要思考以下问题：

问题 1：“函数的概念”在初中阶段和高中阶段的共同点是什么？

它们表达函数的概念的工具一致：图象、表格、解析式．

问题 2：“函数的概念”在初中阶段和高中阶段有哪些不同点？

一个不同点是高中有而初中没有的：初中用两个变量刻画函数关系，而高中用集合、对应刻画函数关系；还有一个不同点用高中的“函数的概念”容易解释，用初中的“函数的概念”不易解释，但是这种现象在初中出现时，如 $x=2$ 是函数，可以将其看成二次函数的对称轴，从直线的角度理解．

问题 3：如何理解“变量”“自变量”“因变量”？

在高中不要刻意强调“变量”，否则就不易解释 $x=2$ 是函数；要重点理解“自变量”与

“因变量”之间的关系是互相依赖、密切相关.

问题 4：在初中阶段学习“函数的概念”的重点是什么？

表达函数的概念的工具.

问题 5:“函数的概念”初、高中的衔接点是什么？

自变量的取值集合也就是函数的定义域，函数值的取值集合也就是函数的值域；函数值的变化趋势也就是函数的单调性，函数图象的最高点也就是函数的最大值；等等.

同学们在今后的学习中，要多提问、多思考、勤动脑、勤动手，持之以恒，养成习惯，形成方法，学好数学不是问题.

第五节　初中与高中数学衔接知识梳理

一、代数部分知识

（一）整除和余数及其运用

对于自然数 a,b 和整数 k,r，当 $a=kb+r(0\leqslant r\leqslant b-1)$ 时，称 a 除以 b 的余数为 r；当 $r=0$ 时，称 a 被 b 整除. 这在高中的二项式定理的多项式问题中有应用.

（二）绝对值的有关知识

该知识在含有绝对值的函数、含有绝对值的不等式向量的模、复数的模等中有应用. 以下一些基本概念与性质要掌握：

(1)在数轴上，一个数所对应的点与原点的距离叫作该数的绝对值.

(2)正数的绝对值是它本身，负数的绝对值是它的相反数，0 的绝对值是 0，即

$$|a|=\begin{cases}a, & a>0,\\0, & a=0,\\-a, & a<0.\end{cases}$$

(3)两个负数比较大小，绝对值大的反而小.

(4)实数 a 的绝对值的平方等于 a 的平方.

(5)实数 a 的平方的算术平方根等于 a 的绝对值.

(6)两个数积(或商)的绝对值等于它们绝对值的积(或商).

(7)常用的两个绝对值不等式：$|x|<a(a>0)\Leftrightarrow -a<x<a$；$|x|>a(a>0)\Leftrightarrow x<-a$ 或 $x>a$.

（三）多项式变形

多项式变形主要以因式分解公式与方法作为多项式变形方法，被广泛应用于高中函

数、导数、不等式和数列等内容之中.

1. 乘法公式

(1)平方差公式：$a^2-b^2=(a+b)(a-b)$.

(2)立方差公式：$a^3-b^3=(a-b)(a^2+ab+b^2)$.

(3)立方和公式：$a^3+b^3=(a+b)(a^2-ab+b^2)$.

(4)完全平方公式：$(a\pm b)^2=a^2\pm 2ab+b^2$，$(a+b+c)^2=a^2+b^2+c^2+2ab+2ac+2bc$.

(5)完全立方公式：$(a\pm b)^3=a^3\pm 3a^2b+3ab^2\pm b^3$.

2. 分解因式

把一个多项式化成几个整式的乘积的形式，这种变化叫作把这个多项式分解因式. 常用的方法有：①提公因式法；②运用公式法；③分组分解法；④十字相乘法.

（四）方程与不等式

1. 一元一次方程

在一个方程中，只含有一个未知数，并且未知数的指数是1，这样的方程叫作一元一次方程.

解一元一次方程的步骤是：去分母，移项，合并同类项，未知数的系数化为1.

关于方程 $ax=b$ 的解的讨论如下：

(1)当 $a\neq 0$ 时，方程有唯一解 $x=\dfrac{b}{a}$；

(2)当 $a=0$，$b\neq 0$ 时，方程无解；

(3)当 $a=0$，$b=0$ 时，方程有无数解，此时任一实数都是方程的解.

2. 二元一次方程组

两个二元一次方程组成的方程组叫作二元一次方程组. 适合一个二元一次方程的一组未知数的值，叫作这个二元一次方程的一个解. 二元一次方程组中各个方程的公共解，叫作这个二元一次方程组的解.

解二元一次方程组的方法有：①代入消元法；②加减消元法.

3. 不等式与不等式组

(1)不等式

①用不等符号（$>$、$\neq$、$<$）连接的式子叫作不等式.

②不等式的两边都加上或减去同一个整式，不等号的方向不变.

③不等式的两边都乘以或者除以一个正数，不等号的方向不变.

④不等式的两边都乘以或除以同一个负数，不等号的方向相反.

(2)不等式的解集

①能使不等式成立的未知数的值，叫作不等式的解.

②一个含有未知数的不等式的所有解，组成这个不等式的解集.

③求不等式解集的过程叫作解不等式.

(3)一元一次不等式：不等式的两边都是整式，只含有一个未知数，且未知数的最高次数是1的不等式叫作一元一次不等式.

(4)一元一次不等式组

①关于同一个未知数的几个一元一次不等式合在一起，就组成了一元一次不等式组.

②一元一次不等式组中各个不等式的解集的公共部分，叫作这个一元一次不等式组的解集.

③求不等式组解集的过程，叫作解不等式组.

4. 一元二次方程：$ax^2+bx+c=0(a\neq 0)$

一元二次方程以及与一元二次方程有关的"二次三项式""二次函数"都是高中的核心基础内容之一，主要涉及一元二次方程的变形、根的意义和概念、实数根的个数判断、根与系数的关系(包括用二次项系数与根的判别式表示"两根之差的绝对值")，以及它与相关知识的联系.

(1)方程有两个实数根 $\Leftrightarrow \Delta=b^2-4ac\geqslant 0$.

(2)方程有两根同号 $\Leftrightarrow \begin{cases}\Delta>0,\\ x_1x_2=\dfrac{c}{a}>0.\end{cases}$

(3)方程有两根异号 $\Leftrightarrow \begin{cases}\Delta>0,\\ x_1x_2=\dfrac{c}{a}<0.\end{cases}$

(4)韦达定理及其应用：$x_1+x_2=-\dfrac{b}{a}, x_1x_2=\dfrac{c}{a}$；

$x_1^2+x_2^2=(x_1+x_2)^2-2x_1x_2, |x_1-x_2|=\sqrt{(x_1+x_2)^2-4x_1x_2}=\dfrac{\sqrt{\Delta}}{|a|}=\dfrac{\sqrt{b^2-4ac}}{|a|}$；

$x_1^3+x_2^3=(x_1+x_2)(x_1^2-x_1x_2+x_2^2)=(x_1+x_2)[(x_1+x_2)^2-3x_1x_2]$.

（五）函数有关知识

函数部分知识蕴含着丰富的数学思想方法，无论是在初中学习还是在高中学习中都占有极其重要的地位.

1. 函数的意义及其表示法(列表、解析、图象)

在用图象表示变量之间的关系时，通常用水平方向的数轴上的点表示自变量，用竖直方向的数轴上的点表示因变量.

2. 一次函数

(1)若两个变量 x, y 间的关系式可以表示成 $y=kx+b$（b 为常数，$k\neq 0$）的形式，则

称 y 是 x 的一次函数.

(2)当 $b=0$ 时，称 y 是 x 的正比例函数.

3. 一次函数的图象及性质

(1)把一个函数的自变量 x 与对应的因变量 y 的值分别作为点的横坐标与纵坐标，在直角坐标系内描出它的对应点，所有这些点组成的图形叫作该函数的图象.

(2)正比例函数 $y=kx$ 的图象是经过原点的一条直线.

(3)对于一次函数 $y=kx+b$,当 $k<0$, $b<0$ 时，则其图象经过第二、三、四象限；当 $k<0$,$b>0$ 时，则图象经过第一、二、四象限；当 $k>0$, $b<0$ 时，则图象经过第一、三、四象限；当 $k>0$, $b>0$ 时，则图象经过第一、二、三象限.

(4)当 $k>0$ 时，y 的值随 x 值的增大而增大；当 $k<0$ 时，y 的值随 x 值的增大而减小.

4. 二次函数

(1)一般式：$y=ax^2+bx+c=a\left(x+\dfrac{b}{2a}\right)^2+\dfrac{4ac-b^2}{4a}(a\neq 0)$，对称轴是 $x=-\dfrac{b}{2a}$，顶点坐标是 $\left(-\dfrac{b}{2a},\dfrac{4ac-b^2}{4a}\right)$.

(2)顶点式：$y=a(x+m)^2+k(a\neq 0)$，对称轴是 $x=-m$，顶点坐标是 $(-m,k)$.

(3)交点式：$y=a(x-x_1)(x-x_2)(a\neq 0)$，其中 $(x_1,0)$，$(x_2,0)$ 是抛物线与 x 轴的交点.

5. 二次函数的性质

(1)函数 $y=ax^2+bx+c(a\neq 0)$ 的图象关于直线 $x=-\dfrac{b}{2a}$ 对称.

(2)当 $a>0$ 时，在对称轴 $x=-\dfrac{b}{2a}$ 左侧，y 的值随 x 值的增大而减小；在对称轴 $x=-\dfrac{b}{2a}$ 右侧；y 的值随 x 值的增大而增大. 当 $x=-\dfrac{b}{2a}$ 时，y 取得最小值 $\dfrac{4ac-b^2}{4a}$.

(3)当 $a<0$ 时，在对称轴 $x=-\dfrac{b}{2a}$ 左侧，y 的值随 x 值的增大而增大；在对称轴 $x=-\dfrac{b}{2a}$ 右侧，y 的值随 x 值的增大而减小. 当 $x=-\dfrac{b}{2a}$ 时，y 取得最大值 $\dfrac{4ac-b^2}{4a}$.

二、几何部分知识

研究高中立体几何与解析几何的基础是平面几何，掌握平面几何的有关定理与重要结论十分重要.

1. 直线、线段的性质以及两直线所成的角与平行线的判定、性质定理

(1)过两点有且只有一条直线.

(2)两点之间线段最短.

(3)同角或等角的补角相等.

(4)同角或等角的余角相等.

(5)过一点有且只有一条直线和已知直线垂直.

(6)直线外一点与直线上各点连接的所有线段中，垂线段最短.

(7)经过直线外一点，有且只有一条直线与这条直线平行.

(8)如果两条直线都和第三条直线平行，这两条直线也互相平行.

(9)两条直线被第三条直线所截，如果同位角相等，那么两直线平行.

(10)两条直线被第三条直线所截，如果内错角相等，那么两直线平行.

(11)两条直线被第三条直线所截，如果同旁内角互补，那么两直线平行.

(12)两条平行直线被第三条直线所截，同位角相等.

(13)两条平行直线被第三条直线所截，内错角相等.

(14)两条平行直线被第三条直线所截，同旁内角互补.

2. 三角形及其概念、分类和性质

(1)**定理：**三角形两边的和大于第三边.

推论：三角形两边的差小于第三边.

(2)**三角形内角和定理：**三角形三个内角的和等于 180°.

推论 1：直角三角形的两个锐角互余.

推论 2：三角形的一个外角等于和它不相邻的两个内角的和.

推论 3：三角形的一个外角大于任何一个和它不相邻的内角.

3. 等腰三角形的性质与判断

(1)**等腰三角形的性质定理：**等腰三角形的两个底角相等(即等边对等角).

推论 1：等腰三角形顶角的平分线平分底边并且垂直于底边.

推论 2：等腰三角形的顶角平分线、底边上的中线和底边上的高互相重合.

推论 3：等边三角形的各角都相等，并且每一个角都等于 60°.

(2)**等腰三角形的判定定理：**如果一个三角形中有两个角相等，那么这两个角所对的边也相等(等角对等边).

推论 1：三个角都相等的三角形是等边三角形.

推论 2：有一个角等于 60°的等腰三角形是等边三角形.

4. 直角三角形的性质

(1)在直角三角形中，如果一个锐角等于 30°，那么它所对的直角边等于斜边的一半.

(2)直角三角形斜边上的中线等于斜边的一半.

勾股定理：直角三角形两直角边 a,b 的平方和等于斜边 c 的平方，即 $a^2+b^2=c^2$.

勾股定理的逆定理：如果三角形的三边长 a,b,c 有关系 $a^2+b^2=c^2$，那么这个三角形是直角三角形.

5. 三角形的“四心”定义与性质

所谓三角形的“四心”，是指三角形的重心、垂心、外心及内心．当三角形是正三角形时，四心重合为一点，统称为三角形的中心.

(1)**三角形外心的定义**：三角形三条中垂线的交点叫作外心，即外接圆的圆心.

性质：外心到三个顶点等距，外心与三角形一边的中点的连线垂直于三角形的这一边.

(2)**三角形内心的定义**：三角形三条角平分线的交点叫作三角形的内心，即内切圆的圆心.

性质：内心到三角形的三边等距，且顶点与内心的连线平分顶角.

三角形的面积＝三角形内切圆的半径乘以三角形周长的一半.

(3)**三角形垂心的定义**：三角形三条高的交点叫作垂心.

性质：顶点与垂心的连线必垂直于对边.

(4)**三角形重心的定义**：三角形三条中线的交点叫作重心.

性质：顶点与重心的连线必平分对边.

重心定理：三角形重心与顶点的距离等于它与对边中点的距离的 2 倍.

6. 全等三角形的判定及性质

(1)全等三角形的对应边、对应角相等.

(2)**边角边(SAS)**:有两边和它们的夹角对应相等的两个三角形全等.

(3)**角边角(ASA)**:有两角和它们的夹边对应相等的两个三角形全等.

(4)**推论(AAS)**:有两角和其中一角的对边对应相等的两个三角形全等.

(5)**边边边(SSS)**:有三边对应相等的两个三角形全等.

(6)**斜边、直角边（HL)**：有斜边和一条直角边对应相等的两个直角三角形全等.

7. 三角形相似的判定、性质和运用

(1)**定理 1**：平行于三角形一边的直线和其他两边(或两边的延长线)相交，所构成的三角形与原三角形相似.

(2)**判定定理 1**：两角对应相等，两三角形相似.

直角三角形被斜边上的高分成的两个直角三角形和原三角形相似.

(3)**判定定理 2**：两边对应成比例且夹角相等，两三角形相似(SAS).

(4)**判定定理 3**：三边对应成比例，两三角形相似(SSS).

(5)**定理 2**：如果一个直角三角形的斜边和一条直角边与另一个直角三角形的斜边和一条直角边对应成比例，那么这两个直角三角形相似.

(6)**性质定理 1**：相似三角形对应高的比、对应中线的比与对应角平分线的比都等于相似比.

(7)**性质定理 2**：相似三角形周长的比等于相似比.

(8)**性质定理 3**：相似三角形面积的比等于相似比的平方.

8. 四边形与特殊四边形的性质

(1)**定理**：四边形的内角和等于 $360°$；四边形的外角和等于 $360°$.

(2)**多边形内角和定理**：n 边形的内角和等于 $(n-2)\times180°$.

推论：任意多边形的外角和等于 $360°$.

(3)**平行四边形性质定理 1**：平行四边形的对角相等.

(4)**平行四边形性质定理 2**：平行四边形的对边相等.

推论：夹在两条平行线间的平行线段相等.

(5)**平行四边形性质定理 3**：平行四边形的对角线互相平分.

(6)**平行四边形判定定理 1**：两组对角分别相等的四边形是平行四边形.

(7)**平行四边形判定定理 2**：两组对边分别相等的四边形是平行四边形.

(8)**平行四边形判定定理 3**：对角线互相平分的四边形是平行四边形.

(9)**平行四边形判定定理 4**：一组对边平行且相等的四边形是平行四边形.

(10)**矩形性质定理 1**：矩形的四个角都是直角.

(11)**矩形性质定理 2**：矩形的对角线相等.

(12)**矩形判定定理 1**：有三个角是直角的四边形是矩形.

(13)**矩形判定定理 2**：对角线相等的平行四边形是矩形.

(14)**菱形性质定理 1**：菱形的四条边都相等.

(15)**菱形性质定理 2**：菱形的对角线互相垂直，并且每一条对角线平分一组对角.

菱形的面积＝对角线乘积的一半.

(16)**菱形判定定理 1**：四边都相等的四边形是菱形.

(17)**菱形判定定理 2**：对角线互相垂直的平行四边形是菱形.

(18)**正方形性质定理 1**：正方形的四个角都是直角，四条边都相等.

(19)**正方形性质定理 2**：正方形的两条对角线相等，并且互相垂直平分，每条对角线平分一组对角.

(20)**等腰梯形性质定理**：等腰梯形在同一底上的两个角相等；等腰梯形的两条对角线相等.

(21)**等腰梯形判定定理：**在同一底上的两个角相等的梯形是等腰梯形；对角线相等的梯形是等腰梯形.

9. 平行线等分线段定理、中位线定理以及平行线分线段成比例定理

(1)**平行线等分线段定理：**如果一组平行线在一条直线上截得的线段相等，那么在其他直线上截得的线段也相等.

推论 1：经过梯形一腰的中点与底平行的直线，必平分另一腰.

推论 2：经过三角形一边的中点与另一边平行的直线，必平分第三边.

(2)**三角形中位线定理：**三角形的中位线平行于第三边，并且等于它的一半.

(3)**梯形中位线定理：**梯形的中位线平行于两底，并且等于两底和的一半.

梯形的面积＝梯形的中位线长乘以高.

(4)**比例的基本性质：**如果 $a:b=c:d$，那么 $ad=bc$；如果 $ad=bc$，那么 $a:b=c:d$.

(5)**合比性质：**如果 $a/b=c/d$，那么 $(a\pm b)/b=(c\pm d)/d$.

(6)**等比性质：**如果 $a/b=c/d=\cdots=m/n(b+d+\cdots+n\neq 0)$，那么 $(a+c+\cdots+m)/(b+d+\cdots+n)=a/b$.

(7)**平行线分线段成比例定理：**两条直线被一组平行线所截，所得的对应线段成比例.

推论 1：平行于三角形一边的直线截其他两边(或两边的延长线)，所得的对应线段成比例.

推论 2：平行于三角形的一边，并且和其他两边相交的直线，所截得的三角形的三边与原三角形的三边对应成比例.

推论的逆定理：如果一条直线截三角形的两边(或两边的延长线)所得的对应线段成比例，那么这条直线平行于三角形的第三边.

10. 线段垂直平分线以及图形的轴对称

(1)线段的垂直平分线可看作和线段两端点距离相等的所有点的集合.

(2)**线段垂直平分线定理：**线段垂直平分线上的点到这条线段两个端点的距离相等.

逆定理：到一条线段两个端点的距离相等的点，在这条线段的垂直平分线上.

(3)**轴对称定理 1：**关于某条直线对称的两个图形是全等形.

(4)**轴对称定理 2：**如果两个图形关于某直线对称，那么对称轴是对应点连线的垂直平分线.

(5)**轴对称定理 3：**两个图形关于某直线对称，如果它们的对应线段或延长线相交，那么交点在对称轴上.

逆定理：如果两个图形的对应点连线被同一条直线垂直平分，那么这两个图形关于这条直线对称.

(6)**中心对称定理 1**：关于中心对称的两个图形是全等的.

(7)**中心对称定理 2**：关于中心对称的两个图形，对称点连线都经过对称中心，并且被对称中心平分.

逆定理：如果两个图形的对应点连线都经过某一点，并且被这一点平分，那么这两个图形关于这一点对称.

11. 角平分线的性质

(1)**定理 1**：在角的平分线上的点到这个角的两边的距离相等.

(2)**定理 2**：到一个角的两边的距离相同的点，在这个角的平分线上.

(3)角的平分线是到角的两边距离相等的所有点的集合.

12. 圆的相关概念与性质

(1)圆是到定点的距离等于定长的点的集合.

(2)圆的内部可以看作与圆心的距离小于半径的点的集合.

(3)圆的外部可以看作与圆心的距离大于半径的点的集合.

(4)同圆或等圆的半径相等.

(5)到定点的距离等于定长的点的轨迹，是以定点为圆心、定长为半径的圆.

(6)和已知线段两个端点的距离相等的点的轨迹，是这条线段的垂直平分线.

(7)到已知角的两边距离相等的点的轨迹，是这个角的平分线.

(8)到两条平行线的距离相等的点的轨迹，是和这两条平行线平行且距离相等的一条直线.

(9)不在同一直线上的三个点确定一个圆.

(10)垂径定理：垂直于弦的直径平分这条弦并且平分弦所对的两条弧.

推论 1：

①平分弦(不是直径)的直径垂直于弦，并且平分弦所对的两条弧.

②弦的垂直平分线经过圆心，并且平分弦所对的两条弧.

③平分弦所对的一条弧的直径，垂直平分弦，并且平分弦所对的另一条弧.

推论 2：圆的两条平行弦所夹的弧相等.

(11)圆是以圆心为对称中心的中心对称图形.

13. 与圆有关的相关关系角和相关位置角

(1)**同圆或等圆定理**：在同圆或等圆中，相等的圆心角所对的弧相等，所对的弦相等，所对的弦的弦心距相等.

推论：在同圆或等圆中，如果两个圆心角、两条弧、两条弦或两条弦的弦心距中有一组量相等，那么它们所对应的其余各组量都相等.

(2)**圆周角定理**：一条弧所对的圆周角等于它所对的圆心角的一半.

推论1：同弧或等弧所对的圆周角相等；同圆或等圆中，相等的圆周角所对的弧也相等.

推论2：半圆(或直径)所对的圆周角是直角；$90°$的圆周角所对的弦是直径.

推论3：如果三角形一边上的中线等于这边的一半，那么这个三角形是直角三角形.

推论4：圆的内接四边形的对角互补，并且任何一个外角都等于它的内对角.

14. 直线与圆的位置关系

圆心O到直线L的距离d与圆的半径r的大小关系如下：

(1)若直线L和$\odot O$相交，则$d<r$.

(2)若直线L和$\odot O$相切，则$d=r$.

(3)若直线L和$\odot O$相离，则$d>r$.

15. 有关圆的切割线定理

(1)**切线的判定定理**：经过半径的外端并且垂直于这条半径的直线是圆的切线.

(2)**切线的性质定理**：圆的切线垂直于经过切点的半径.

推论1：经过圆心且垂直于切线的直线必经过切点.

推论2：经过切点且垂直于切线的直线必经过圆心.

(3)**切线长定理**：从圆外一点引圆的两条切线，它们的切线长相等，圆心和这一点的连线平分两条切线的夹角.

(4)圆的外切四边形的两组对边的和相等.

(5)**弦切角定理**：弦切角等于它所夹的弧对的圆周角.

推论：如果两个弦切角所夹的弧相等，那么这两个弦切角也相等.

(6)**相交弦定理**：圆内的两条相交弦，被交点分成的两条线段长的积相等.

推论：如果弦与直径垂直相交，那么弦的一半是它分直径所成的两条线段的比例中项.

(7)**切割线定理**：从圆外一点引圆的切线和割线，切线长是这点到割线与圆交点的两条线段长的比例中项.

推论：从圆外一点引圆的两条割线，这一点到每条割线与圆的交点的两条线段长的积相等.

(8)如果两个圆相切，那么切点一定在连心线上.

16. 圆与圆的位置关系

(1)两圆的圆心距d与两圆的半径R,r的大小关系如下：

①若两圆外离，则$d>R+r$.

②若两圆外切，则 $d = R + r$.

③若两圆相交，则 $R - r < d < R + r(R > r)$.

④若两圆内切，则 $d = R - r(R > r)$.

⑤若两圆内含，则 $d < R - r(R > r)$.

(2)**两圆相交的性质定理**：相交两圆的连心线垂直平分两圆的公共弦.

17. 与圆相关的基本计算

(1)弧长的计算公式为 $L = n\pi R/180$.

(2)扇形面积的计算公式为 $S_{扇形} = n\pi R^2/360 = LR/2$.

(3)内公切线长 $= d - (R - r)^2$，外公切线长 $= d - (R + r)$.

18. 图形的对称

(1)轴对称图形

①如果一个图形沿一条直线折叠后，直线两旁的部分能够互相重合，那么这个图形叫作轴对称图形，这条直线叫作对称轴.

②轴对称图形上关于对称轴对称的两点确定的线段被对称轴垂直平分.

(2)中心对称图形

①在平面内，一个图形绕某个点旋转 180°，如果旋转前后的图形互相重合，那么这个图形叫作中心对称图形，这个点叫作它的对称中心.

②中心对称图形上的每一对对应点所连成的线段都被对称中心平分.

19. 平面直角坐标系

(1)在平面内，两条互相垂直且有公共原点的数轴组成平面直角坐标系. 水平的数轴叫作 x 轴或横轴，铅直的数轴叫作 y 轴或纵轴，x 轴与 y 轴统称坐标轴，它们的公共原点 O 称为直角坐标系的原点.

(2)平面直角坐标系内的对称点：设 $M(x_1, y_1)$，$M'(x_2, y_2)$ 是直角坐标系内的两点.

①若 M 和 M' 关于 y 轴对称，则有 $\begin{cases} x_1 = -x_2, \\ y_1 = y_2. \end{cases}$

②若 M 和 M' 关于 x 轴对称，则有 $\begin{cases} x_1 = x_2, \\ y_1 = -y_2. \end{cases}$

③若 M 和 M' 关于原点对称，则有 $\begin{cases} x_1 = -x_2, \\ y_1 = -y_2. \end{cases}$

④若 M 和 M' 关于直线 $y = x$ 对称，则有 $\begin{cases} x_1 = y_2, \\ y_1 = x_2. \end{cases}$

⑤若 M 和 M' 关于直线 $x=a$ 对称，则有 $\begin{cases}x_1=2a-x_2,\\y_1=y_2\end{cases}$ 或 $\begin{cases}x_2=2a-x_1,\\y_1=y_2.\end{cases}$

三、统计与概率部分知识

（一）科学记数法

一个大于10的数可以表示成 $A\times10^N$ 的形式，其中 $1\leqslant A<10$，N 是正整数.

（二）扇形统计图

(1)用圆表示总体，圆中的各个扇形分别代表总体中的不同部分，扇形的大小反映部分占总体的百分比的大小，这样的统计图叫作扇形统计图.

(2)扇形统计图中，每部分占总体的百分比等于该部分所对应的扇形圆心角的度数与360°的比.

（三）各类统计图的优劣

(1)条形统计图：能清楚地表示出每个项目的具体数目.

(2)折线统计图：能清楚地反映事物的变化情况.

(3)扇形统计图：能清楚地表示出各部分在总体中所占的百分比.

（四）平均数

对于 N 个数 $x_1,x_2,\cdots,x_N$，我们把 $\frac{1}{N}(x_1+x_2+\cdots+x_N)$ 叫作这 N 个数的算术平均数，记为 $\bar{x}$.

（五）加权平均数

一组数据里各个数据的重要程度未必相同，因而，在计算这组数据的平均数时往往给每个数据加一个权，这就是加权平均数.

（六）中位数与众数

(1) N 个数据按大小顺序排列，处于最中间位置的一个数据(或最中间两个数据的平均数)叫作这组数据的中位数.

(2)一组数据中出现次数最多的那个数据叫作这组数据的众数.

(3)优劣比较：平均数，所有数据都参加运算，能充分利用数据所提供的信息，因此在现实生活中较常用，但容易受极端值的影响；中位数，计算简单，受极端值的影响较小，但不能充分利用所有数据的信息；众数，各个数据如果重复的次数大致相等，众数往往没有特别的意义.

（七）调查

(1)为了一定的目的而对考察对象进行的全面调查，称为普查，其中所要考察对象的全体称为总体，而组成总体的每一个考察对象称为个体.

(2)从总体中抽取部分个体进行调查，这种调查称为抽样调查，其中从总体中抽取的一部分个体叫作总体的一个样本.

(3)由于抽样调查只考察总体中的一小部分个体，因此它的优点是调查范围小，节省时间、人力、物力和财力，但其调查结果往往不如普查得到的结果准确. 为了获得较为准确的调查结果，抽样时要注意样本的代表性和广泛性.

（八）频数与频率

(1)每个对象出现的次数为频数，而每个对象出现的次数与总次数的比值称为频率.

(2)当收集的数据连续取值时，我们通常先将数据适当分组，然后再绘制频数分布直方图.

（九）数据的波动

(1)极差是指一组数据中最大数据与最小数据的差.

(2)方差是各个数据与平均数之差的平方和的平均数.

(3)标准差就是方差的算术平方根.

(4)一般来说，一组数据的极差、方差或标准差越小，这组数据就越稳定.

（十）事件的可能性

(1)有些事情我们能确定它一定会发生，这些事情称为必然事件；有些事情我们能肯定它一定不会发生，这些事情称为不可能事件. 必然事件和不可能事件都是确定的.

(2)有很多事情我们无法肯定它会不会发生，这些事情称为不确定事件.

(3)一般来说，不确定事件发生的可能性是有大小的.

（十一）概率

(1)人们通常用1(或100%)来表示必然事件发生的可能性，用0来表示不可能事件发生的可能性.

(2)游戏对双方公平是指双方获胜的可能性相同.

(3)必然事件发生的概率为1，记作P(必然事件)$=1$；不可能事件发生的概率为0，记作P(不可能事件)$=0$；如果A为不确定事件，那么$0<P(A)<1$.

第二章

代数部分知识

数学是需要运算的学科，数学的运算离不开对代数式的研究．从某种意义上讲，数学问题解决的本质就是研究代数式的过程．

代数式是由数和表示数的字母经过有限次的加、减、乘、除、乘方和开方等代数运算所得到的式子，或含有字母的数学表达式．

我们知道，任何一个恒等式均由若干个代数式构成，代数式是中学的重要内容之一，也是研究函数、方程、不等式的基础，数学的其他分支学科均离不开代数式的恒等变换．因此，熟练地掌握一些代数式的恒等变形规律，掌握一元二次方程、一元二次函数、一元二次不等式以及其他简单不等式问题是学好高中代数及相关学科的前提．

第一节　多项式的化简

因式分解是代数式的一种重要的恒等变形，它与整式乘法是相反方向的变形，在分式运算、解方程及各种恒等变形中起着重要的作用，是一种重要的基本技能．

因式分解的方法较多，除了初中课本中涉及的提取公因式法和公式法（平方差公式和完全平方公式）外，还有分组分解法、十字相乘法、配方法、拆添项法、换元法、求根法、图象法等等．

一、提取公因式法

如果一个多项式的各项含有公因式，那么可以把这个公因式提出来，从而将多项式化成两个因式乘积的形式．

【例 1】　分解因式：x^3-2x^2-x．

解： 原式 $=x(x^2-2x-1)=x(x-1-\sqrt{2})(x-1+\sqrt{2})$．

二、公式法

在高中化简、求值、证明恒等式（不等式）、解方程（不等式）的过程中，常需利用乘法公式对多项式进行变形．由于因式分解与整式乘法有着互逆的关系，如果把乘法公式反过来，那么就可以用来把某些多项式分解因式．

常用的乘法公式如下：

平方差公式：$a^2-b^2=(a+b)(a-b)$；

立方差公式：$a^3-b^3=(a-b)(a^2+ab+b^2)$；

立方和公式：$a^3+b^3=(a+b)(a^2-ab+b^2)$；

完全平方公式：$(a\pm b)^2=a^2\pm 2ab+b^2$，

$$(a+b+c)^2=a^2+b^2+c^2+2ab+2ac+2bc；$$

完全立方公式：$(a\pm b)^3=a^3\pm 3a^2b+3ab^2\pm b^3$．

以上几个公式大多数初中没有学习，但是高中会经常应用，故应当熟练掌握．对上面列出的几个公式，有兴趣的同学可以自己去证明．

【例 2】 分解因式：

(1) $a^2+4ab+4b^2$；　　(2) x^6-1．

解：(1) 原式 $=(a+2b)^2$．

(2) 方法一：原式 $=(x^2-1)(x^4+x^2+1)$

$=(x^2-1)[(x^2+1)^2-x^2]$

$=(x+1)(x-1)(x^2-x+1)(x^2+x+1)$．

方法二：原式 $=(x^3+1)(x^3-1)$

$=(x+1)(x^2-x+1)(x-1)(x^2+x+1)$．

三、分组分解法

分组分解法也是一种常用方法．能够直接运用公式法分解的多项式，主要是二项式和三项式；而对于四项以上的多项式，如 $ma+mb+na+nb$，既没有公式可用，也没有公因式可以提取，进行因式分解时，可先把它的前两项分成一组，并提出公因式 a，再把它的后两项分成一组并提出公因式 b，从而得到 $a(m+n)+b(m+n)$，再提出公因式 $(m+n)$，从而得到 $(a+b)(m+n)$．这种利用分组来进行因式分解的方法叫作分组分解法．分组分解法的关键在于如何分组．应用分组分解法的题型一般是分组后能提取公因式，或分组后能直接运用公式．

【例 3】 分解因式：

(1) x^3+9+3x^2+3x；　　(2) $2x^2+xy-y^2-4x+5y-6$．

解：(1) 方法一：原式 $=(x^3+3x^2)+(3x+9)=x^2(x+3)+3(x+3)$

$=(x+3)(x^2+3)$．

方法二：原式 $= (x^3 + 3x^2 + 3x + 1) + 8 = (x + 1)^3 + 8 = (x + 1)^3 + 2^3$

$= [(x + 1) + 2][(x + 1)^2 - (x + 1) \times 2 + 2^2]$

$= (x + 3)(x^2 + 3)$.

(2) 方法一：原式 $= 2x^2 + (y - 4)x - y^2 + 5y - 6$

$= 2x^2 - (y - 4)x - (y - 2)(y - 3)$

$= (2x - y + 2)(x + y - 3)$.

方法二：原式 $= (2x^2 + xy - y^2) - (4x - 5y) - 6$

$= (2x - y)(x + y) - (4x - 5y) - 6$

$= (2x - y + 2)(x + y - 3)$.

四、十字相乘法

十字相乘法对于二次三项式的分解是重要的方法.

1. $x^2 + (p + q)x + pq$ 型的因式分解

这类式子在许多问题中经常出现，其特点是：① 二次项系数是 1；② 常数项是两个数之积；③ 一次项系数是常数项的两个因数之和.

因为 $x^2 + (p + q)x + pq = x^2 + px + qx + pq = x(x + p) + q(x + p) = (x + p)(x + q)$，

所以 $x^2 + (p + q)x + pq = (x + p)(x + q)$.

运用这个公式，可以把某些二次项系数为 1 的二次三项式分解因式.

2. $ax^2 + bx + c$ 型的因式分解

由 $a_1a_2x^2 + (a_1c_2 + a_2c_1)x + c_1c_2 = (a_1x + c_1)(a_2x + c_2)$ 我们发现，将二次项系数 a 分解成 a_1a_2，常数项 c 分解成 c_1c_2，把 a_1, a_2, c_1, c_2 写成 $\begin{matrix} a_1 & & c_1 \\ & \times & \\ a_2 & & c_2 \end{matrix}$ 的形式，这里按斜线交叉相乘再相加，就可得到 $a_1c_2 + a_2c_1$，如果它正好等于 $ax^2 + bx + c$ 的一次项系数 b，那么 $ax^2 + bx + c$ 就可以分解成 $(a_1x + c_1)(a_2x + c_2)$，其中 a_1, c_1 位于上一行，a_2, c_2 位于下一行. 这种借助画十字交叉线分解系数，从而将二次三项式分解因式的方法，叫作十字相乘法.

必须注意的是，分解因数及十字相乘都有多种可能情况，所以往往要经过多次尝试，才能确定一个二次三项式能否用十字相乘法分解.

【例 4】 因式分解：

(1) $x^2 + 5x - 24$；　　(2) $x^2 - 2x - 15$；

(3) $x^2 + xy - 6y^2$；　　(4) $(x^2 + x)^2 - 8(x^2 + x) + 12$；

(5) $x^2 - (a + b)xy + aby^2$；　　(6) $xy - 1 + x - y$.

解：(1) 因为 $-24 = (-3) \times 8$，$(-3) + 8 = 5$，

所以原式 $=[x+(-3)](x+8)=(x-3)(x+8)$.

(2) 因为 $-15=(-5)\times 3, (-5)+3=-2$,

所以原式 $=[x+(-5)](x+3)=(x-5)(x+3)$.

(3)分析：把 $x^2+xy-6y^2$ 看成 x 的二次三项式，这时常数项是 $-6y^2$，一次项系数是 y，把 $-6y^2$ 分解成 $3y$ 与 $-2y$ 的积，而 $3y+(-2y)=y$ 正好是一次项系数.

故原式 $=x^2+yx-6y^2=(x+3y)(x-2y)$.

(4)由换元思想，把 x^2+x 整体看作一个字母 a，可不必写出，只当作分解二次三项式 $a^2-8a+12$.

故原式 $=(x^2+x-6)(x^2+x-2)=(x+3)(x-2)(x+2)(x-1)$.

(5)由图 2-1，得

原式 $=(x-ay)(x-by)$.

(6)由图 2-2，得

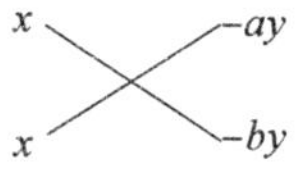

图 2-1

图 2-2

原式 $=xy+(x-y)-1=(x-1)(y+1)$.

说明：用十字相乘法分解二次三项式很重要. 当二次项系数不是 1 时较困难，具体分解时，为提高速度，可先对有关常数分解，交叉相乘后，若原常数为负数，用减法“凑”，看是否符合一次项系数，否则用加法“凑”，先“凑”绝对值，然后调整，添加正、负号.

五、配方法

对于那些不能利用公式法的多项式，有的可以通过将其配成一个完全平方式，然后再利用平方差公式，从而将其进行因式分解.

【例 5】 分解因式：$x^2+3x-40$.

解：原式 $=x^2+3x+\left(\frac{3}{2}\right)^2-\left(\frac{3}{2}\right)^2-40=\left(x+\frac{3}{2}\right)^2-\frac{9}{4}-40=\left(x+\frac{3}{2}\right)^2-\frac{169}{4}$

$$=\left(x+\frac{3}{2}+\frac{13}{2}\right)\left(x+\frac{3}{2}-\frac{13}{2}\right)=(x+8)(x-5).$$

六、拆添项法

可以把多项式拆成若干部分，再进行因式分解.

【例 6】 分解因式：$bc(b+c)+ca(c-a)-ab(a+b)$.

解：原式 $=bc(a+b+c-a)+ca(c-a)-ab(a+b)$

$$=bc(a+b)+bc(c-a)+ca(c-a)-ab(a+b)$$

$$=bc(a+b)-ab(a+b)+bc(c-a)+ca(c-a)$$

$= (c-a)b(a+b)+(b+a)c(c-a)$

$= (a+b)(b+c)(c-a).$

七、换元法

有时在分解因式时，可以将多项式中的相同部分换成另一个未知数，然后进行因式分解，最后再转换回来.

【例 7】　分解因式：$2x^4-x^3-6x^2-x+2$.

解：原式$=2(x^4+1)-x(x^2+1)-6x^2=2(x^2+1)^2-x(x^2+1)-10x^2$.

令 $y=x^2+1$，则原式 $=2y^2-xy-10x^2=(y+2x)(2y-5x)$，

所以原式 $=(x^2+1+2x)[2(x^2+1)-5x]=(x+1)^2(x-2)(2x-1)$.

八、求根法

令多项式 $f(x)=0$，求出其根 $x_1,x_2,x_3,\cdots,x_n$，则多项式 $f(x)$ 可因式分解为 $f(x)=(x-x_1)(x-x_2)(x-x_3)\cdots(x-x_n)$.

【例 8】　分解因式：$2x^4+7x^3-2x^2-13x+6$.

解：令 $f(x)=2x^4+7x^3-2x^2-13x+6=0$，

通过综合除法可知 $f(x)=0$ 的根分别为$\frac{1}{2}$，-3，-2，1，

则原式 $=(2x-1)(x+3)(x+2)(x-1)$.

九、图象法

令 $y=f(x)$，作出函数 $y=f(x)$ 的图象，找到它与 x 轴的交点 $x_1,x_2,\cdots,x_n$，则多项式 $f(x)$ 可因式分解为 $f(x)=(x-x_1)(x-x_2)\cdots(x-x_n)$.

【例 9】　分解因式：x^3+2x^2-5x-6.

解：令 $y=x^3+2x^2-5x-6$，

作出其图象，如图 2-3 所示.

因为图象与 x 轴的交点分别为-3，-1，2，

所以原式$=(x+3)(x+1)(x-2)$.

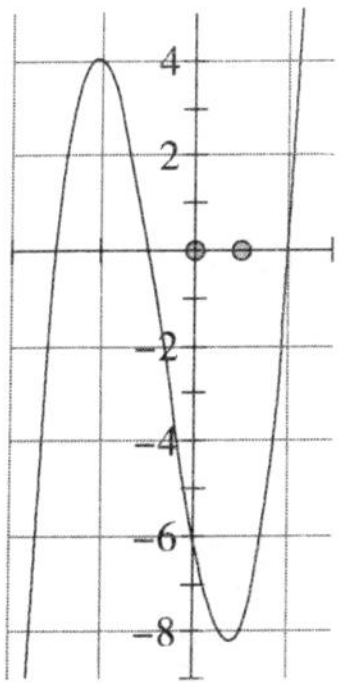

图 2-3

十、主元法

先选定一个字母为主元，再把各项按这个字母的次数从高到低排列，然后进行因式分解.

【例 10】 分解因式：$a^2(b-c)+b^2(c-a)+c^2(a-b)$.

分析：此题可选定 a 为主元，将其按 a 的次数从高到低排列.

解：原式 $=a^2(b-c)+b^2c-ab^2+ac^2-bc^2=a^2(b-c)-a(b^2-c^2)+bc(b-c)$

$$=(b-c)[a^2-a(b+c)+bc]=(b-c)(a-b)(a-c).$$

十一、待定系数法

首先判断出分解因式的形式，然后设出相应整式的字母系数，求出字母系数，从而把多项式因式分解.

【例 11】 分解因式：$x^4-x^3-5x^2-6x-4$.

解：设 $x^4-x^3-5x^2-6x-4=(x^2+ax+b)(x^2+cx+d)=x^4+(a+c)x^3+(ac+b+d)x^2+(ad+bc)x+bd$,

比较系数可得 $\begin{cases} a+c=-1, \\ ac+b+d=-5, \\ ad+bc=-6, \\ bd=-4, \end{cases}$ 解得 $\begin{cases} a=1, \\ b=1, \\ c=-2, \\ d=-4. \end{cases}$

所以原式$=(x^2+x+1)(x^2-2x-4)=(x^2+x+1)(x-1-\sqrt{5})(x-1+\sqrt{5})$.

【例 12】 化简：$(x+1)(x-1)(x^2-x+1)(x^2+x+1)$.

解法一：原式 $=(x^2-1)[(x^2+1)^2-x^2]$

$$=(x^2-1)(x^4+x^2+1)$$

$$=x^6-1.$$

解法二：原式 $=(x+1)(x^2-x+1)(x-1)(x^2+x+1)$

$$=(x^3+1)(x^3-1)$$

$$=x^6-1.$$

【例 13】 (1)已知 $a+b+c=4, ab+bc+ac=4$，求 $a^2+b^2+c^2$ 的值.

(2)已知 $|a|+|b|=|ab|+1$,求 $a+b$ 的值.

(3)已知 $ab=1$,求$\dfrac{1}{1+a^2}+\dfrac{1}{1+b^2}$ 的值.

(4)若 $\dfrac{x}{a-b}=\dfrac{y}{b-c}=\dfrac{z}{c-a}$,求 $x+y+z$ 的值.

解：(1) $a^2+b^2+c^2=(a+b+c)^2-2(ab+bc+ac)=8$.

(2) 因为$|a|+|b|=|ab|+1$,所以$|a|\cdot|b|-|a|-|b|+1=0$,

所以$(|a|-1)(|b|-1)=0$,则$|a|=1,|b|=1$,

所以 $a=\pm 1$ 或 $b=\pm 1$.

则当 $a=1, b=1$ 时，$a+b=2$；

当 $a=1, b=-1$ 时，$a+b=0$；

当 $a=-1, b=1$ 时，$a+b=0$；

当 $a=-1, b=-1$ 时，$a+b=-2$.

(3)把 $ab=1$ 代入，得

$$\frac{1}{1+a^2}+\frac{1}{1+b^2}=\frac{ab}{ab+a^2}+\frac{ab}{ab+b^2}=\frac{b}{a+b}+\frac{a}{a+b}=1.$$

(4) 令 $\frac{x}{a-b}=\frac{y}{b-c}=\frac{z}{c-a}=k$，则有 $x=k(a-b), y=(b-c)k, z=(c-a)k$，

所以 $x+y+z=(a-b)k+(b-c)k+(c-a)k=0$.

通过对上面问题的解决我们发现，有关多项式的求值方法比较灵活. 第 1 小题通过化简将已知条件直接代入可求解；第 2 小题需对待求的代数式进行因式分解才可求解；第 3 小题需注意已知条件中“1”的妙用；第 4 小题当已知条件以连比的形式出现时，可引进一个比例系数(设参)来表示这个连比.

习题 2.1

1. 填空题：

(1) $\frac{1}{9}a^2-\frac{1}{4}b^2=\left(\frac{1}{2}b+\frac{1}{3}a\right)($　　　　　　$)$；

(2) $(4m+$　　　$)^2=16m^2+4m+($　　　　　　$)$；

(3) $(a+2b-c)^2=a^2+4b^2+c^2+($　　　　　　$)$.

2. 选择题：

(1) 若 $x^2+\frac{1}{2}mx+k$ 是一个完全平方式，则 k 等于　　(　　)

A. m^2　　B. $\frac{1}{4}m^2$　　C. $\frac{1}{3}m^2$　　D. $\frac{1}{16}m^2$

(2) 不论 a, b 为何实数，$a^2+b^2-2a-4b+8$ 的值　　(　　)

A. 总是正数　　B. 总是负数

C. 可以是零　　D. 可以是正数也可以是负数

3. 已知 $x+y=1$，求 x^3+y^3+3xy 的值.

4. 分解因式：

(1)a^3+1；　　(2)$4x^4-13x^2+9$；

(3)$b^2+c^2+2ab+2ac+2bc$；　　(4)$3x^2+5xy-2y^2+x+9y-4$.

5. 在实数范围内分解因式：

(1)x^2-5x+3；　　(2)$x^2-2\sqrt{2}x-3$；

(3)$3x^2+4xy-y^2$；　　(4)$(x^2-2x)^2-7(x^2-2x)+12$.

6. 分解因式：$x^2+x-(a^2-a)$.

7. 若 $\triangle ABC$ 的三边 a,b,c 满足 $a^2+b^2+c^2=ab+bc+ca$，试判定 $\triangle ABC$ 的形状.

第二节　一元二次方程与一元二次方程组的解

一元二次方程求解是初中代数的主要问题，也是高中数学的重要内容. 它是解决一元二次不等式的基础，也是沟通二次函数与一元二次不等式的桥梁，需要熟练掌握其常见解法，如求根公式法、配方法、因式分解法等.

我们知道，对于一元二次方程 $ax^2+bx+c=0(a\neq 0)$，用配方法可以将其变形为

$$\left(x+\frac{b}{2a}\right)^2=\frac{b^2-4ac}{4a^2}. \qquad ①$$

因为 $a\neq 0$，所以 $4a^2>0$. 于是

(1)当 $b^2-4ac>0$ 时，方程①的右端是一个正数，因此，原方程有两个不相等的实数根

$$x_{1,2}=\frac{-b\pm\sqrt{b^2-4ac}}{2a};$$

(2)当 $b^2-4ac=0$ 时，方程①的右端为零，因此，原方程有两个相等的实数根

$$x_1=x_2=-\frac{b}{2a};$$

(3)当 $b^2-4ac<0$ 时，方程①的右端是一个负数，而方程①的左边 $\left(x+\frac{b}{2a}\right)^2$ 一定大于或等于零，因此，原方程没有实数根.

由此可知，一元二次方程 $ax^2+bx+c=0(a\neq 0)$ 的根的情况可以由 b^2-4ac 来判定，我们把 b^2-4ac 叫作一元二次方程 $ax^2+bx+c=0(a\neq 0)$ 的根的判别式，通常用符号"Δ"来表示.

综上所述，对于一元二次方程 $ax^2+bx+c=0(a\neq 0)$，有

(1)当 $\Delta>0$ 时，方程有两个不相等的实数根

$$x_{1,2}=\frac{-b\pm\sqrt{b^2-4ac}}{2a};$$

(2)当 $\Delta=0$ 时，方程有两个相等的实数根

$$x_1=x_2=-\frac{b}{2a};$$

(3)当 $\Delta<0$ 时，方程没有实数根.

若一元二次方程 $ax^2+bx+c=0(a\neq 0)$ 有两个实数根，$x_1=\frac{-b+\sqrt{b^2-4ac}}{2a}$，$x_2=\frac{-b-\sqrt{b^2-4ac}}{2a}$，则

$$x_1+x_2=\frac{-b+\sqrt{b^2-4ac}}{2a}+\frac{-b-\sqrt{b^2-4ac}}{2a}=\frac{-2b}{2a}=-\frac{b}{a};$$

$$x_1x_2=\frac{-b+\sqrt{b^2-4ac}}{2a}\cdot\frac{-b-\sqrt{b^2-4ac}}{2a}=\frac{b^2-(b^2-4ac)}{4a^2}=\frac{4ac}{4a^2}=\frac{c}{a}.$$

所以一元二次方程的根与系数之间存在下列关系：如果 $ax^2+bx+c=0(a\neq 0)$ 的两个根分别是 x_1，x_2，那么 $x_1+x_2=-\frac{b}{a}$，$x_1\cdot x_2=\frac{c}{a}$.

一元二次方程的根与系数的关系由 16 世纪的法国数学家韦达发现，所以通常把此定理称为"韦达定理". 该定理成立的前提是 $\Delta\geqslant 0$.

特别地，对于二次项系数为 1 的一元二次方程 $x^2+px+q=0$，若 x_1，x_2 是其两根，由韦达定理可知

$$x_1+x_2=-p,\quad x_1\cdot x_2=q.$$

所以方程 $x^2+px+q=0$ 可化为 $x^2-(x_1+x_2)x+x_1\cdot x_2=0$，由于 x_1，x_2 是一元二次方

程 $x^2+px+q=0$ 的两个根，所以，x_1，x_2 也是一元二次方程 $x^2-(x_1+x_2)x+x_1\cdot x_2=0$ 的两个根. 因此以 x_1，x_2 两个数为根的一元二次方程(二次项系数为 1)是

$$x^2-(x_1+x_2)x+x_1\cdot x_2=0.$$

一元二次方程的两根之差的绝对值是一个重要的量，今后我们经常会遇到求这一个量的问题，为了解题简便，我们可以探讨出其一般规律.

设 x_1 和 x_2 分别是一元二次方程 $ax^2+bx+c=0(a\neq 0)$ 的两个根，则

$$x_1=\frac{-b+\sqrt{b^2-4ac}}{2a},\quad x_2=\frac{-b-\sqrt{b^2-4ac}}{2a},$$

所以 $|x_1-x_2|=\left|\frac{-b+\sqrt{b^2-4ac}}{2a}-\frac{-b-\sqrt{b^2-4ac}}{2a}\right|=\left|\frac{2\sqrt{b^2-4ac}}{2a}\right|$

$$=\frac{\sqrt{b^2-4ac}}{|a|}=\frac{\sqrt{\Delta}}{|a|}.$$

于是有下面的结论：若 x_1 和 x_2 分别是一元二次方程 $ax^2+bx+c=0(a\neq 0)$ 的两个根，则 $|x_1-x_2|=\frac{\sqrt{\Delta}}{|a|}$(其中 $\Delta=b^2-4ac$).

【例 1】 判定下列关于 x 的方程的根的情况(其中 a 为常数)，如果方程有实数根，写出方程的实数根.

(1)$x^2-3x+3=0$； (2)$x^2-ax-1=0$；

(3)$x^2-ax+(a-1)=0$； (4)$x^2-2x+a=0$.

解：(1)因为该方程的根的判别式 $\Delta=3^2-4\times1\times3=-3<0$，所以方程没有实数根.

(2)因为该方程的根的判别式 $\Delta=a^2-4\times1\times(-1)=a^2+4>0$，所以方程一定有两个不等的实数根 $x_1=\frac{a+\sqrt{a^2+4}}{2}$，$x_2=\frac{a-\sqrt{a^2+4}}{2}$.

(3)由于该方程的根的判别式 $\Delta=a^2-4\times1\times(a-1)=a^2-4a+4=(a-2)^2$，

①当 $a=2$ 时，$\Delta=0$，所以方程有两个相等的实数根 $x_1=x_2=1$；

②当 $a\neq2$ 时，$\Delta>0$，所以方程有两个不相等的实数根 $x_1=1$，$x_2=a-1$.

(4)由于该方程的根的判别式 $\Delta=2^2-4\times1\times a=4-4a=4(1-a)$，所以

①当 $\Delta>0$，即 $4(1-a)>0$ 时，解得 $a<1$，此时方程有两个不相等的实数根 $x_1=1+\sqrt{1-a}$，$x_2=1-\sqrt{1-a}$；

②当 $\Delta=0$，即 $a=1$ 时，方程有两个相等的实数根 $x_1=x_2=1$；

③当 $\Delta<0$，即 $a>1$ 时，方程没有实数根.

注意：分类讨论是解决参数问题的重要思想方法.

【例 2】 已知方程 $5x^2+kx-6=0$ 的一个根是 2，求它的另一个根及 k 的值.

解法一： 因为 2 是方程的一个根，

所以 $5\times 2^2+k\times 2-6=0$，解得 $k=-7$.

于是方程为 $5x^2-7x-6=0$，解得 $x_1=2, x_2=-\frac{3}{5}$.

所以方程的另一个根为 $-\frac{3}{5}$，k 的值为 -7.

解法二： 设方程的另一个根为 x_1，则 $2x_1=-\frac{6}{5}$，解得 $x_1=-\frac{3}{5}$.

由 $\left(-\frac{3}{5}\right)+2=-\frac{k}{5}$，得 $k=-7$.

所以方程的另一个根为 $-\frac{3}{5}$，k 的值为 -7.

【例 3】　已知关于 x 的方程 $x^2+2(m-2)x+m^2+4=0$ 有两个实数根，并且这两个实数根的平方和比两个根的积大 21，求 m 的值.

解： 设 x_1, x_2 是方程的两个根，由韦达定理，得

$$x_1+x_2=-2(m-2),\quad x_1\cdot x_2=m^2+4.$$

由题意，得 $x_1^2+x_2^2-x_1\cdot x_2=21$，

所以 $(x_1+x_2)^2-3x_1\cdot x_2=21$，

即 $[-2(m-2)]^2-3(m^2+4)=21$，

化简，得 $m^2-16m-17=0$，

解得 $m=-1$ 或 $m=17$.

当 $m=-1$ 时，方程为 $x^2-6x+5=0$，$\Delta>0$，满足题意；

当 $m=17$ 时，方程为 $x^2+30x+293=0$，$\Delta=30^2-4\times 1\times 293<0$，不合题意，舍去.

综上，$m=-1$.

注意： 我们在应用韦达定理时，还要考虑到根的判别式 Δ 是否大于或等于零. 因为，韦达定理成立的前提是一元二次方程有实数根.

【例 4】　已知两个数的和为 4，积为 -12，求这两个数.

解法一： 设这两个数分别是 x, y，则 $\begin{cases} x+y=4, & ① \\ xy=-12. & ② \end{cases}$

由①，得 $y=4-x$；代入②，得 $x(4-x)=-12$.

即 $x^2-4x-12=0$，所以 $x_1=-2, x_2=6$.

所以 $\begin{cases} x_1=-2, \\ y_1=6 \end{cases}$ 或 $\begin{cases} x_2=6, \\ y_2=-2. \end{cases}$

因此这两个数分别是-2和6.

解法二： 由韦达定理可知，这两个数是方程$x^2-4x-12=0$的两个根.

解这个方程，得$x_1=-2, x_2=6$.

所以这两个数分别是-2和6.

【例5】 若x_1和x_2是一元二次方程$2x^2+5x-3=0$的两个根.

(1)求$|x_1-x_2|$的值；

(2)求$\frac{1}{x_1^2}+\frac{1}{x_2^2}$的值；

(3)求$x_1^3+x_2^3$的值.

解： 因为x_1和x_2是一元二次方程$2x^2+5x-3=0$的两个根，

所以$x_1+x_2=-\frac{5}{2}, x_1x_2=-\frac{3}{2}$.

(1)因为$|x_1-x_2|^2=x_1^2+x_2^2-2x_1x_2=(x_1+x_2)^2-4x_1x_2=\left(-\frac{5}{2}\right)^2-4\times\left(-\frac{3}{2}\right)$

$$=\frac{25}{4}+6=\frac{49}{4},$$

所以$|x_1-x_2|=\frac{7}{2}$.

(2) $\frac{1}{x_1^2}+\frac{1}{x_2^2}=\frac{x_1^2+x_2^2}{x_1^2\cdot x_2^2}=\frac{(x_1+x_2)^2-2x_1x_2}{(x_1x_2)^2}=\frac{\left(-\frac{5}{2}\right)^2-2\times\left(-\frac{3}{2}\right)}{\left(-\frac{3}{2}\right)^2}=\frac{\frac{25}{4}+3}{\frac{9}{4}}=\frac{37}{9}$.

(3)$x_1^3+x_2^3=(x_1+x_2)(x_1^2-x_1x_2+x_2^2)=(x_1+x_2)[(x_1+x_2)^2-3x_1x_2]$

$$=\left(-\frac{5}{2}\right)\times\left[\left(-\frac{5}{2}\right)^2-3\times\left(-\frac{3}{2}\right)\right]=-\frac{215}{8}.$$

【例6】 若关于x的一元二次方程$x^2-x+a-4=0$的一根大于零，另一根小于零，求实数a的取值范围.

解： 设x_1, x_2是方程的两个根，则

$$\begin{cases}x_1x_2=a-4<0, & ① \\ \Delta=(-1)^2-4(a-4)>0. & ②\end{cases}$$

由①，得$a<4$；由②，得$a<\frac{17}{4}$.

所以a的取值范围是$a<4$.

【例7】 已知x_1, x_2是一元二次方程$4kx^2-4kx+k+1=0$的两个实数根.

(1)是否存在实数 k，使 $(2x_1-x_2)(x_1-2x_2)=-\frac{3}{2}$ 成立？若存在，求出 k 的值；若不存在，请说明理由.

(2)求使 $\frac{x_1}{x_2}+\frac{x_2}{x_1}-2$ 的值为整数的实数 k 的整数值.

解：(1)假设存在实数 k，使 $(2x_1-x_2)(x_1-2x_2)=-\frac{3}{2}$ 成立.

因为一元二次方程 $4kx^2-4kx+k+1=0$ 有两个实数根，

所以 $\begin{cases}4k\neq 0,\\ \Delta=(-4k)^2-4\cdot 4k(k+1)=-16k\geqslant 0\end{cases}\Rightarrow k<0.$

又因为 x_1,x_2 是一元二次方程 $4kx^2-4kx+k+1=0$ 的两个实数根，

所以 $\begin{cases}x_1+x_2=1,\\ x_1x_2=\frac{k+1}{4k},\end{cases}$

所以 $(2x_1-x_2)(x_1-2x_2)=2(x_1^2+x_2^2)-5x_1x_2=2(x_1+x_2)^2-9x_1x_2$

$$=-\frac{k+9}{4k}=-\frac{3}{2}\Rightarrow k=\frac{9}{5}.$$

因为 $k<0$，所以不存在实数 k，使 $(2x_1-x_2)(x_1-2x_2)=-\frac{3}{2}$ 成立.

(2)因为 $\frac{x_1}{x_2}+\frac{x_2}{x_1}-2=\frac{x_1^2+x_2^2}{x_1x_2}-2=\frac{(x_1+x_2)^2}{x_1x_2}-4=\frac{4k}{k+1}-4=-\frac{4}{k+1}$，

所以要使其值是整数，只需 $k+1$ 能被 4 整除，故 $k+1=\pm 1,\pm 2,\pm 4$. 注意到 $k<0$，故使 $\frac{x_1}{x_2}+\frac{x_2}{x_1}-2$ 的值为整数的实数 k 的整数值为 $-2,-3,-5$.

一个含有两个未知数，并且含有未知数的项的最高次数是 2 的整式方程，叫作二元二次方程. 一个二元二次方程和一个二元一次方程组成的方程组一般可以用代入消元法求解.

【例 8】 解方程组 $\begin{cases}x^2+4y^2-4=0, & ①\\ x-2y-2=0. & ②\end{cases}$

解：由②，得 $x=2y+2$，　③

把③代入①，整理得 $8y^2+8y=0$，即 $y(y+1)=0$.

解得 $y_1=0,y_2=-1$.

把 $y_1=0$ 代入③，得 $x_1=2$；

把 $y_2=-1$ 代入③，得 $x_2=0$.

所以原方程组的解是 $\begin{cases} x_1 = 2, \\ y_1 = 0, \end{cases} \begin{cases} x_2 = 0, \\ y_2 = -1. \end{cases}$

习题 2.2

1. 选择题：

(1)已知关于 x 的方程 $x^2 + kx - 2 = 0$ 的一个根是 1，则它的另一个根是 ( )

A. -3　　B. 3　　C. -2　　D. 2

(2)若关于 x 的一元二次方程 $ax^2 - 5x + a^2 + a = 0$ 的一个根是 0，则 a 的值是 ( )

A. 0　　B. 1　　C. -1　　D. 0 或 -1

(3)若关于 x 的方程 $x^2 + (k^2 - 1)x + k + 1 = 0$ 的两根互为相反数，则 k 的值为( )

A. 1 或 -1　　B. 1　　C. -1　　D. 0

(4)已知一个直角三角形的两条直角边长恰好是方程 $2x^2 - 8x + 7 = 0$ 的两个根，则这个直角三角形的斜边长等于 ( )

A. $\sqrt{3}$　　B. 3　　C. 6　　D. 9

(5)若 x_1, x_2 是方程 $2x^2 - 4x + 1 = 0$ 的两个根，则 $\frac{x_1}{x_2} + \frac{x_2}{x_1}$ 的值为 ( )

A. 6　　B. 4　　C. 3　　D. $\frac{3}{2}$

(6)如果关于 x 的方程 $x^2 - 2(1 - m)x + m^2 = 0$ 有两个实数根 α, β，则 $\alpha + \beta$ 的取值范围为 ( )

A. $\alpha + \beta \geqslant \frac{1}{2}$　　B. $\alpha + \beta \leqslant \frac{1}{2}$　　C. $\alpha + \beta \geqslant 1$　　D. $\alpha + \beta \leqslant 1$

(7)已知 a, b, c 是 $\triangle ABC$ 的三边长，那么方程 $cx^2 + (a + b)x + \frac{c}{4} = 0$ 的根的情况是 ( )

A. 没有实数根　　B. 有两个不相等的实数根

C. 有两个相等的实数根　　D. 有两个异号实数根

2. 填空题：

(1)若方程 $2x^2 - x - 4 = 0$ 的两个根分别为 α, β，则 $\alpha^2 + \beta^2 =$ ________.

(2)若已知关于 x 的方程 $x^2 - ax - 3a = 0$ 的一个根是 -2，则它的另一个根是________.

(3)若方程 $2x^2 + 2x - 1 = 0$ 的两个根分别为 x_1 和 x_2，则 $|x_1 - x_2| =$ ________.

(4)若 m, n 是方程 $x^2 + 2005x - 1 = 0$ 的两个实数根，则 $m^2 n + mn^2 - mn$ 的值等

于________.

(5)如果 a,b 是方程 $x^2+x-1=0$ 的两个实数根,那么代数式 $a^3+a^2b+ab^2+b^3$ 的值是________.

(6)若方程 $x^2-8x+m=0$ 的两个根分别为 x_1,x_2,且 $3x_1+2x_2=18$,则 $m=$ ________.

3. 试判定当 m 取何值时,关于 x 的一元二次方程 $m^2x^2-(2m+1)x+1=0$ 有两个不相等的实数根,有两个相等的实数根,没有实数根.

4. 解下列方程组:

(1) $\begin{cases}\dfrac{x^2}{4}-y^2=1,\\ x-y-2=0;\end{cases}$

(2) $\begin{cases}(x-3)^2+y^2=9,\\ x+2y=0.\end{cases}$

5. 已知关于 x 的方程 $x^2-kx-2=0$.

(1) 求证:方程有两个不相等的实数根;

(2) 设方程的两个根分别为 x_1 和 x_2,如果 $2(x_1+x_2)>x_1x_2$,求实数 k 的取值范围.

6. 已知一元二次方程 $ax^2+bx+c=0(a\neq 0)$ 的两个根分别为 x_1 和 x_2,求

(1) $|x_1-x_2|$ 和 $\dfrac{x_1+x_2}{2}$;

(2) $x_1^3+x_2^3$.

7. m 取何值时，方程组 $\begin{cases} y^2 = 4x, \\ y = 2x + m \end{cases}$ 有一个实数解?并求出这时方程组的解.

8. 已知关于 x 的方程 $x^2 - (m-2)x - \frac{m^2}{4} = 0$.

(1)求证：无论 m 取什么实数时，这个方程总有两个相异实数根；

(2)若这个方程的两个实数根 x_1, x_2 满足 $|x_2| = |x_1| + 2$，求 m 的值及相应的 x_1, x_2.

9. 若关于 x 的方程 $x^2 + x + a = 0$ 的一个根大于1、一个根小于1，求实数 a 的取值范围.

第三节　二次函数的解析式

我们知道，二次函数可以表示成以下两种形式：

一般式：$y = ax^2 + bx + c(a \neq 0)$；

顶点式：$y = a(x+h)^2 + k(a \neq 0)$，其中顶点坐标是$(-h, k)$.

除了上述两种表示方法外，二次函数还可以用另一种形式来表示. 为了研究另一种表示方式，我们先来研究二次函数 $y = ax^2 + bx + c(a \neq 0)$ 的图象与 x 轴的交点个数.

当抛物线 $y = ax^2 + bx + c(a \neq 0)$ 与 x 轴相交时，其函数值为零，于是有

$$ax^2 + bx + c = 0. \quad ①$$

并且方程 ① 的解就是抛物线 $y = ax^2 + bx + c(a \neq 0)$ 与 x 轴的交点的横坐标(纵坐标为零)，而方程 ① 的解的个数又与方程 ① 的根的判别式 $\Delta = b^2 - 4ac$ 有关.

于是，若 $\Delta > 0$ 时，抛物线 $y = ax^2 + bx + c(a \neq 0)$ 与 x 轴有两个交点 $A(x_1, 0)$，$B(x_2, 0)$，则 x_1, x_2 是方程 $ax^2 + bx + c = 0$ 的两根，所以

$$x_1 + x_2 = -\frac{b}{a}, \quad x_1 x_2 = \frac{c}{a},$$

即
$$\frac{b}{a}=-(x_1+x_2),\quad \frac{c}{a}=x_1x_2.$$

所以 $y=ax^2+bx+c=a\left(x^2+\frac{b}{a}x+\frac{c}{a}\right)=a[x^2-(x_1+x_2)x+x_1x_2]$

$=a(x-x_1)(x-x_2)$.

由上面的推导过程可以得到下面的结论：

若抛物线 $y=ax^2+bx+c(a\neq 0)$ 与 x 轴交于 $A(x_1,0)$，$B(x_2,0)$ 两点，则其函数关系式可以表示为 $y=a(x-x_1)(x-x_2)(a\neq 0)$.

这样，也就得到了表示二次函数的第三种方法：

交点式：$y=a(x-x_1)(x-x_2)(a\neq 0)$，其中 x_1，x_2 是二次函数的图象与 x 轴交点的横坐标.

在求二次函数的表达式时，我们可以根据题目所提供的条件，恰当选用一般式、顶点式、交点式这三种表达形式中的某一种形式来解题.

【例 1】 已知某二次函数的最大值为 2，图象的顶点在直线 $y=x+1$ 上，并且图象经过点(3，−1)，求二次函数的解析式.

分析： 在解本题时，要充分利用题目中所给出的条件——最大值、顶点位置，从而可以将二次函数设成顶点式，再由函数图象过定点来求解出系数 a.

解： 因为二次函数的最大值为 2，而最大值一定是其顶点的纵坐标，所以顶点的纵坐标为 2.

又因为顶点在直线 $y=x+1$ 上，所以 $2=x+1$，解得 $x=1$.

所以顶点坐标是(1，2).

设该二次函数的解析式为 $y=a(x-1)^2+2(a<0)$，

因为二次函数的图象经过点(3，−1)，

所以 $-1=a(3-1)^2+2$，解得 $a=-\frac{3}{4}$.

所以二次函数的解析式为 $y=-\frac{3}{4}(x-1)^2+2$，即 $y=-\frac{3}{4}x^2+\frac{3}{2}x+\frac{5}{4}$.

说明： 在解题时，由最大值确定出顶点的纵坐标，再利用顶点的位置求出顶点坐标，然后设出二次函数的顶点式，最终解决了问题. 因此，在解题时，要充分挖掘题目所给的条件，并巧妙地利用条件简捷地解决问题.

【例 2】 已知某二次函数的图象过点(−3，0)，(1，0)，且图象的顶点到 x 轴的距离是 2，求此二次函数的表达式.

解法一： 因为二次函数的图象过点(−3，0)，(1，0)，

所以可设二次函数的表达式为 $y=a(x+3)(x-1)(a\neq 0)$,

展开,得 $y=ax^2+2ax-3a$,

所以顶点的纵坐标为$\frac{-12a^2-4a^2}{4a}=-4a$,

由于二次函数图象的顶点到 x 轴的距离是 2,

所以$|-4a|=2$,即 $a=\pm\frac{1}{2}$.

所以二次函数的表达式为 $y=\frac{1}{2}x^2+x-\frac{3}{2}$ 或 $y=-\frac{1}{2}x^2-x+\frac{3}{2}$.

解法二: 因为二次函数的图象过点$(-3,0)$,$(1,0)$,

所以图象的对称轴为直线 $x=-1$.

又因为图象的顶点到 x 轴的距离为 2,

所以顶点的纵坐标为 2 或 -2.

于是可设二次函数的表达式为 $y=a(x+1)^2+2$ 或 $y=a(x+1)^2-2$,

由于函数的图象过点$(1,0)$,

所以 $0=a(1+1)^2+2$ 或 $0=a(1+1)^2-2$,

解得 $a=-\frac{1}{2}$ 或 $a=\frac{1}{2}$.

所以所求的二次函数的表达式为 $y=-\frac{1}{2}(x+1)^2+2$ 或 $y=\frac{1}{2}(x+1)^2-2$.

说明: 上述两种解法分别从与 x 轴的交点坐标及顶点的坐标这两个不同的角度,利用交点式和顶点式来解题. 在今后的解题过程中,要善于利用条件,选择恰当的方法来解决问题.

【例 3】 已知某二次函数的图象过点$(-1,-22)$,$(0,-8)$,$(2,8)$,求此二次函数的表达式.

解: 设该二次函数的表达式为 $y=ax^2+bx+c(a\neq 0)$,

由函数的图象过点$(-1,-22)$,$(0,-8)$,$(2,8)$,可得

$$\begin{cases}-22=a-b+c,\\-8=c,\\8=4a+2b+c,\end{cases}\quad \text{解得 } a=-2,b=12,c=-8.$$

所以所求的二次函数的表达式为 $y=-2x^2+12x-8$.

【例 4】 已知某二次函数与 x 轴的两个交点的横坐标分别是-1,3,与 y 轴交点的纵坐标是$-\frac{3}{2}$,求此二次函数的解析式.

解：设该二次函数的解析式为 $y=a(x+1)(x-3)$，

把点 $\left(0,-\frac{3}{2}\right)$ 代入上式，得 $-\frac{3}{2}=-3a$，解得 $a=\frac{1}{2}$.

所以 $y=\frac{1}{2}(x+1)(x-3)$，即 $y=\frac{1}{2}x^2-x-\frac{3}{2}$.

通过上面的几道例题我们发现，确定二次函数的关系式的一般方法是待定系数法，在选择把二次函数的关系式设成什么形式时，可根据题目中的条件灵活选择，以简单为原则. 二次函数的关系式可设成如下三种形式：

(1)给出三点坐标时可利用一般式来求.

(2)给出两点，且其中一点为顶点时可利用顶点式来求.

(3)给出三点，其中两点为与 x 轴的两个交点 $(x_1,0)$，$(x_2,0)$ 时可利用交点式来求.

习题 2.3

1. 函数 $y=-(x-1)^2+4$ 的图象的顶点坐标是　　　　(　　)

A. $(-1,4)$　　　B. $(-1,-4)$　　　C. $(1,-4)$　　　D. $(1,4)$

2. (1)已知某二次函数的图象与 x 轴交于 $A(-2,0)$，$B(1,0)$ 两点，且过点 $C(2,4)$，则该二次函数的表达式为________________.

(2)已知某二次函数的图象过点 $(-1,0)$，$(0,3)$，$(1,4)$，则该二次函数的表达式为________________.

3. 根据下列条件，分别求出对应的二次函数的关系式.

(1)已知二次函数的图象经过点 $A(0,-1)$，$B(1,0)$，$C(-1,2)$；

(2)已知抛物线的顶点坐标为 $(1,-3)$，且与 y 轴交于点 $(0,1)$；

(3)已知抛物线与 x 轴交于点 $M(-3,0)$，$N(5,0)$，且与 y 轴交于点 $(0,-3)$；

(4)已知抛物线的顶点坐标为 $(3,-2)$，且与 x 轴的两交点间的距离为 4.

第四节 二次函数的图象及其简单性质

二次函数是刻画客观世界中许多现象的一种重要模型．在初中我们已经通过几个特殊二次函数的图象研究出了一般二次函数 $y=ax^2+bx+c$ 的图象和性质．

二次函数 $y=ax^2(a\neq 0)$ 的图象可以由 $y=x^2$ 的图象各点的纵坐标变为原来的 a 倍得到．在二次函数 $y=ax^2(a\neq 0)$ 中，二次项系数 a 决定了图象的开口方向和在同一个坐标系中的开口的大小．

在二次函数 $y=a(x+h)^2+k(a\neq 0)$ 中：a 决定了二次函数图象的开口大小及方向；h 决定了二次函数图象的左右平移，而且"h 正左移，h 负右移"；k 决定了二次函数图象的上下平移，而且"k 正上移，k 负下移"．

由上面的结论，我们可以得到研究二次函数 $y=ax^2+bx+c(a\neq 0)$ 的图象的方法：

由于 $y=ax^2+bx+c=a\left(x^2+\dfrac{b}{a}x\right)+c=a\left(x^2+\dfrac{b}{a}x+\dfrac{b^2}{4a^2}\right)+c-\dfrac{b^2}{4a}$

$$=a\left(x+\frac{b}{2a}\right)^2+\frac{4ac-b^2}{4a},$$

所以 $y=ax^2+bx+c(a\neq 0)$ 的图象可以看作是将函数 $y=ax^2$ 的图象作左右平移、上下平移得到的．

二次函数 $y=ax^2+bx+c(a\neq 0)$ 具有下列性质：

(1)当 $a>0$ 时，函数 $y=ax^2+bx+c$ 图象的开口向上；顶点坐标为 $\left(-\dfrac{b}{2a},\dfrac{4ac-b^2}{4a}\right)$，对称轴为直线 $x=-\dfrac{b}{2a}$(见图 2-4)．

当 $x<-\dfrac{b}{2a}$ 时，y 随着 x 的增大而减小；

当 $x>-\dfrac{b}{2a}$ 时，y 随着 x 的增大而增大；

当 $x=-\dfrac{b}{2a}$ 时，函数取最小值 $y=\dfrac{4ac-b^2}{4a}$．

(2)当 $a<0$ 时，函数 $y=ax^2+bx+c$ 图象的开口向下；顶点坐标为 $\left(-\dfrac{b}{2a},\dfrac{4ac-b^2}{4a}\right)$，对称轴为直线 $x=-\dfrac{b}{2a}$(见图 2-5)．

当 $x<-\dfrac{b}{2a}$ 时，y 随着 x 的增大而增大；

当 $x>-\dfrac{b}{2a}$ 时，y 随着 x 的增大而减小；

当 $x=-\dfrac{b}{2a}$ 时，函数取最大值 $y=\dfrac{4ac-b^2}{4a}$.

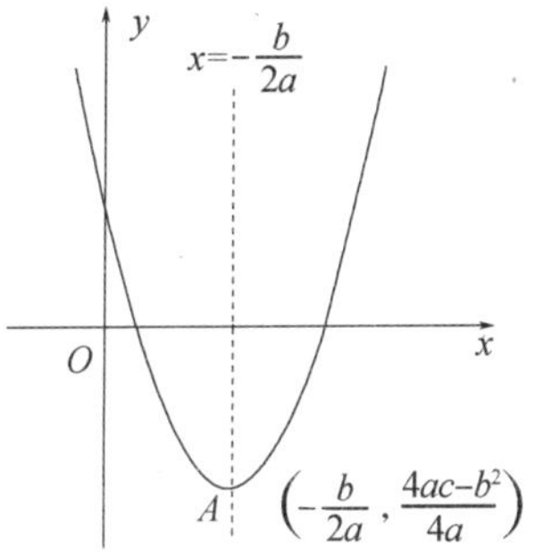

图 2-4

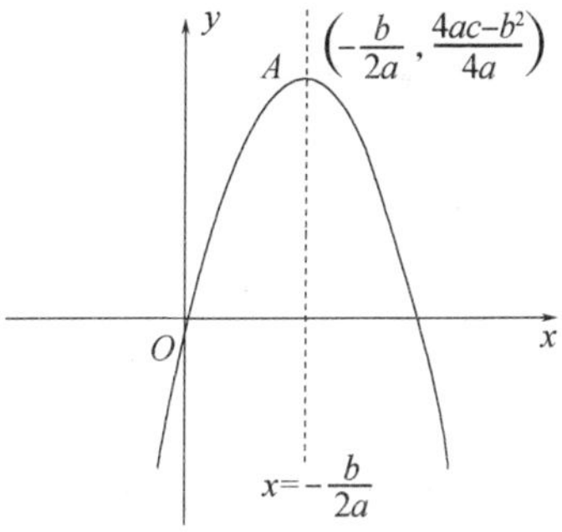

图 2-5

上述二次函数的性质可以通过图象直观地表示出来. 因此，在高中解决二次函数问题时，仍然借助于函数图象、利用数形结合的思想方法来进行.

【例 1】 求二次函数 $y=-3x^2-6x+1$ 图象的开口方向、对称轴、顶点坐标、最大值(或最小值)，并指出当 x 取何值时，y 随 x 的增大而增大(或减小)，然后画出该函数的图象.

解： 因为 $y=-3x^2-6x+1=-3(x+1)^2+4$，

所以函数图象的开口向下，对称轴是直线 $x=-1$，顶点坐标为 $(-1,4)$.

当 $x=-1$ 时，函数取最大值 $y=4$；当 $x<-1$ 时，y 随着 x 的增大而增大；当 $x>-1$ 时，y 随着 x 的增大而减小.

采用描点法画图. 选顶点 $A(-1,4)$，与 x 轴的两个交点 $B\left(\dfrac{2\sqrt{3}-3}{3},0\right)$ 和 $C\left(-\dfrac{2\sqrt{3}+3}{3},0\right)$，与 y 轴的交点 $D(0,1)$ 五个点画出图象，如图 2-6 所示.

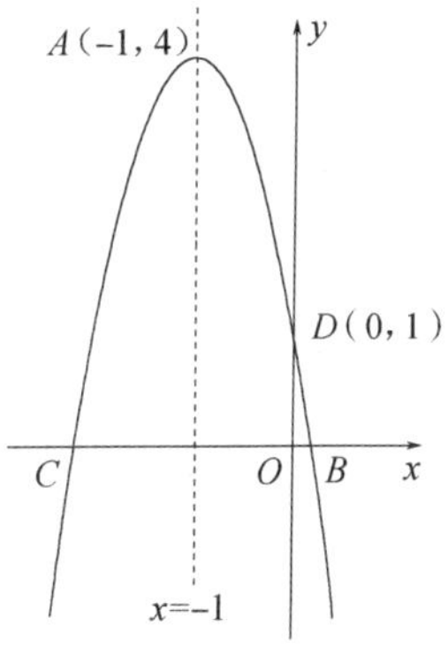

图 2-6

说明： 从这个例题中可以看出，根据配方后得到的性质画函数的图象，可以直接选出关键点，这样可减少选点的盲目性，使画图更简便、图象更精确.

【例 2】 把二次函数 $y=x^2+bx+c$ 的图象向上平移 2 个单位，再向左平移 4 个单位，得到函数 $y=x^2$ 的图象，求 b,c 的值.

解法一： $y=x^2+bx+c=\left(x+\dfrac{b}{2}\right)^2+c-\dfrac{b^2}{4}$，把它的图象向上平移 2 个单位，再向左平移 4 个单位，得到 $y=\left(x+\dfrac{b}{2}+4\right)^2+c-\dfrac{b^2}{4}+2$ 的图象，也就是函数 $y=x^2$ 的图象，

所以$\begin{cases}-\dfrac{b}{2}-4=0,\\ c-\dfrac{b^2}{4}+2=0,\end{cases}$ 解得 $b=-8$，$c=14$.

解法二：把二次函数 $y=x^2+bx+c$ 的图象向上平移 2 个单位，再向左平移 4 个单位，得到函数 $y=x^2$ 的图象，等价于把二次函数 $y=x^2$ 的图象向下平移 2 个单位，再向右平移 4 个单位，得到函数 $y=x^2+bx+c$ 的图象.

由于把二次函数 $y=x^2$ 的图象向下平移 2 个单位，再向右平移 4 个单位，得到函数 $y=(x-4)^2-2$ 的图象，即为 $y=x^2-8x+14$ 的图象，所以函数 $y=x^2-8x+14$ 与函数 $y=x^2+bx+c$ 表示同一个函数，所以 $b=-8$，$c=14$.

说明：本例的两种解法都是利用二次函数图象的平移规律来解决问题的，所以，同学们要牢固掌握二次函数图象的变换规律.

这两种解法反映了两种不同的思维方法：解法一是直接利用条件进行正向思维来解决的，其运算量相对较大；而解法二则是利用逆向思维，将原来的问题转化成与之等价的问题来求解，具有计算量小的优点. 今后，我们在解题时，可以根据题目的具体情况，选择恰当的方法来进行.

【例 3】 求下列函数的最大值或最小值：

(1) $y=2x^2-3x-5$；　　(2) $y=-x^2-3x+4$.

分析：由于函数 $y=2x^2-3x-5$ 和 $y=-x^2-3x+4$ 的自变量 x 的取值范围都是全体实数，所以只要确定它们的图象有最高点或最低点，就可以确定函数有最大值或最小值.

解：(1) 因为二次函数 $y=2x^2-3x-5$ 中的二次项系数 $2>0$，所以抛物线 $y=2x^2-3x-5$ 有最低点，即函数有最小值. 因为 $y=2x^2-3x-5=2\left(x-\dfrac{3}{4}\right)^2-\dfrac{49}{8}$，所以当 $x=\dfrac{3}{4}$ 时，函数 $y=2x^2-3x-5$ 有最小值 $-\dfrac{49}{8}$.

(2) 因为二次函数 $y=-x^2-3x+4$ 中的二次项系数 $-1<0$，所以抛物线 $y=-x^2-3x+4$ 有最高点，即函数有最大值. 因为 $y=-x^2-3x+4=-\left(x+\dfrac{3}{2}\right)^2+\dfrac{25}{4}$，所以当 $x=-\dfrac{3}{2}$ 时，函数 $y=-x^2-3x+4$ 有最大值 $\dfrac{25}{4}$.

习题 2.4

1. 选择题：

(1)下列函数图象中，顶点不在坐标轴上的是　　(　　)

A. $y=2x^2$　　B. $y=2x^2-4x+2$

C. $y=2x^2-1$　　D. $y=2x^2-4x$

(2)函数 $y=2(x-1)^2+2$ 是将函数 $y=2x^2$　　(　　)

A. 向左平移 1 个单位，再向上平移 2 个单位得到的

B. 向右平移 2 个单位，再向上平移 1 个单位得到的

C. 向下平移 2 个单位，再向右平移 1 个单位得到的

D. 向上平移 2 个单位，再向右平移 1 个单位得到的

2. 填空题：

(1)若二次函数 $y=2x^2-mx+n$ 图象的顶点坐标为$(1,-2)$，则 $m=$ ________，$n=$ ________.

(2)已知抛物线 $y=x^2-(m-4)x+2m-3$，当 $m=$ ________时，图象的顶点在 y 轴上；当 $m=$ ________时，图象的顶点在 x 轴上；当 $m=$ ________时，图象过原点.

(3)函数 $y=-3(x+2)^2+5$ 的图象的开口向________，对称轴为________，顶点坐标为________；当 $x=$ ________时，函数取最________值 $y=$ ________；当 x ________时，y 随着 x 的增大而减小.

3. 求下列抛物线的开口方向、对称轴、顶点坐标、最大(小)值及 y 随 x 的变化情况，并画出其图象.

(1)$y=x^2-2x-3$；

(2)$y=1+6x-x^2$.

第五节　高中视角下的二次函数的最值

我们已经了解了给出具体系数的二次函数最值问题，对于一般的二次函数 $y=ax^2+bx+c(a\neq 0)$ 的最值问题在高中的学习中是要掌握的内容.

1. 二次函数在自变量 x 取任意实数时的最值情况

(1)当 $a>0$ 时，函数在 $x=-\dfrac{b}{2a}$ 处取得最小值$\dfrac{4ac-b^2}{4a}$，无最大值；

(2)当 $a<0$ 时，函数在 $x=-\dfrac{b}{2a}$ 处取得最大值$\dfrac{4ac-b^2}{4a}$，无最小值.

2. 二次函数最大值或最小值的求法

(1)确定 a 的符号：当 $a>0$ 时有最小值，当 $a<0$ 时有最大值；

(2)配方求顶点：顶点的纵坐标即为对应的最大值或最小值.

3. 二次函数在某一范围内的最值情况

例如，求 $y=ax^2+bx+c$ 在 $m\leqslant x\leqslant n$(其中 $m<n$) 的最值.

第一步：先通过配方，求出函数图象的对称轴 $x=x_0$.

第二步：讨论：

(1)若 $a>0$ 时求最小值或 $a<0$ 时求最大值，需分三种情况讨论：

①对称轴小于 m 即 $x_0<m$，即对称轴在 $m\leqslant x\leqslant n$ 的左侧；

②对称轴 $m\leqslant x_0\leqslant n$，即对称轴在 $m\leqslant x\leqslant n$ 的内部；

③对称轴大于 n 即 $x_0>n$，即对称轴在 $m\leqslant x\leqslant n$ 的右侧.

(2)若 $a>0$ 时求最大值或 $a<0$ 时求最小值，需分两种情况讨论：

①对称轴 $x_0\leqslant\dfrac{m+n}{2}$，即对称轴在 $m\leqslant x\leqslant n$ 的中点的左侧；

②对称轴 $x_0>\dfrac{m+n}{2}$，即对称轴在 $m\leqslant x\leqslant n$ 的中点的右侧.

说明：求二次函数在某一范围内的最值时，要注意对称轴与自变量的取值范围的相应位置.

下面主要探求二次函数在某一范围内的最值. 一般情况下，这一类问题需要通过借助二次函数的图象，利用数形结合的方法求解，同时要特别注意对于含有字母系数的函数的分类讨论.

【例 1】　当 $1\leqslant x\leqslant 2$ 时，求函数 $y=-x^2-x+1$ 的最大值和最小值.

解：作出函数的图象，如图 2-7 所示.

当 $x=1$ 时，$y_{\max}=-1$；当 $x=2$ 时，$y_{\min}=-5$.

说明： 二次函数在自变量的给定范围内，对应的图象是抛物线上的一段．那么最高点的纵坐标即为函数的最大值，最低点的纵坐标即为函数的最小值．

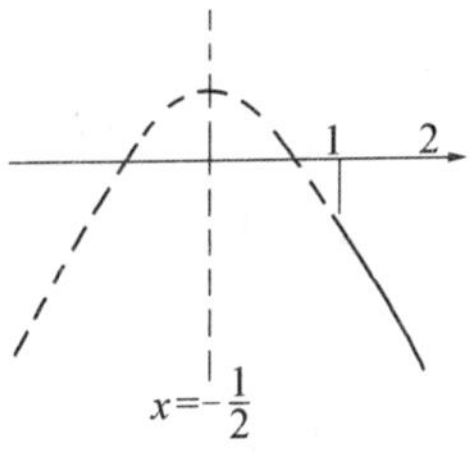

图 2-7

根据二次函数对称轴的位置，函数在所给自变量 x 的范围内的图象形状各异．下面给出一些常见情况，如图 2-8 所示．

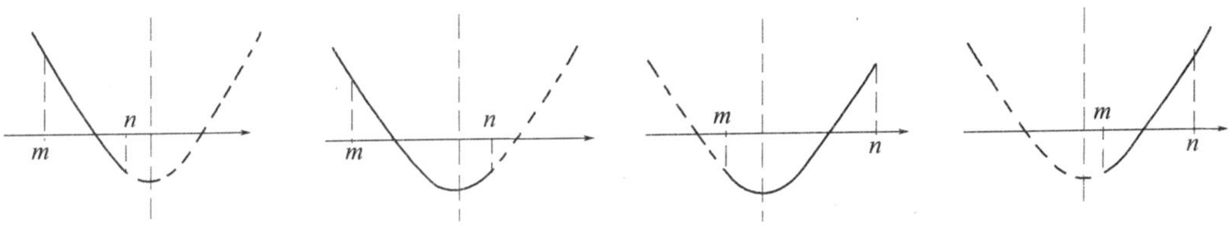

图 2-8

【例 2】 当 $x\geqslant 0$ 时，求函数 $y=-x(2-x)$ 的取值范围．

解： 作出函数 $y=-x(2-x)=x^2-2x$ 在 $x\geqslant 0$ 时的图象，如图 2-9 所示．

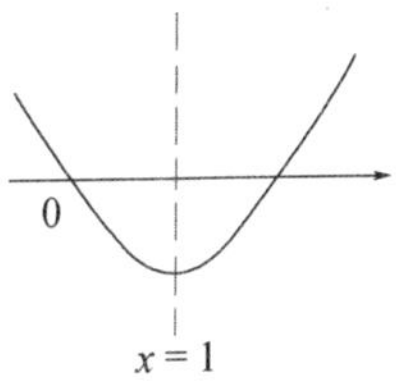

图 2-9

由图可以看出：当 $x=1$ 时，$y_{\min}=-1$，无最大值．

所以，当 $x\geqslant 0$ 时，函数的取值范围是 $y\geqslant -1$．

【例 3】 已知函数 $y=x^2$，$-2\leqslant x\leqslant a$，其中 $a\geqslant -2$，求该函数的最大值与最小值，并求出函数取最大值和最小值时所对应的自变量 x 的值．

分析： 本例中函数自变量的范围是一个变化的范围，需要对 a 的取值进行讨论．

解：（1）当 $a=-2$ 时，函数 $y=x^2$ 的图象仅仅对应着一个点 $(-2,4)$，所以函数的最大值和最小值都是 4，此时 $x=-2$．

（2）当 $-2<a<0$ 时，由图 2-10①可知：

当 $x=-2$ 时，函数取最大值 $y=4$；当 $x=a$ 时，函数取最小值 $y=a^2$．

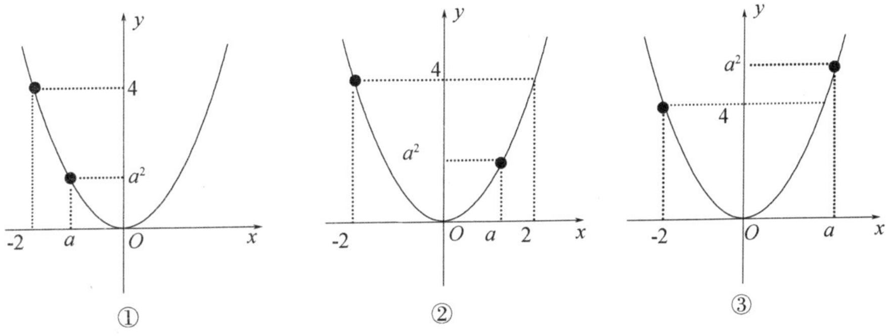

图 2-10

(3)当 $0 \leqslant a < 2$ 时，由图 2-10②可知：

当 $x=-2$ 时,函数取最大值 $y=4$;当 $x=0$ 时,函数取最小值 $y=0$.

(4)当 $a \geqslant 2$ 时，由图 2-10③可知：

当 $x=a$ 时,函数取最大值 $y=a^2$;当 $x=0$ 时,函数取最小值 $y=0$.

说明：本例利用分类讨论的方法，对 a 的所有可能情形进行讨论. 此外，本例中所研究的二次函数的自变量的取值不是任意的实数，而是部分实数，在解决这一类问题时，通常需要借助于函数图象来直观地解决问题.

【例 4】 当 $t \leqslant x \leqslant t+1$ 时,求函数 $y=\frac{1}{2}x^2-x-\frac{5}{2}$ 的最小值(其中 t 为常数).

分析：由于 x 所给的范围随着 t 的变化而变化，所以需要比较对称轴与其范围的相对位置.

解：函数 $y=\frac{1}{2}x^2-x-\frac{5}{2}$ 的对称轴为 $x=1$. 画出其草图，如图 2-11 所示.

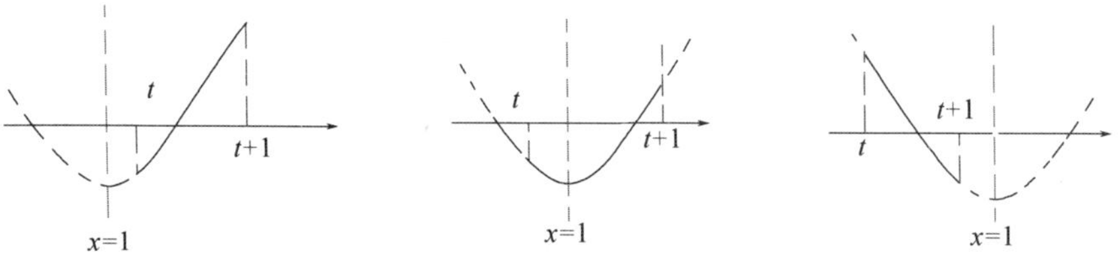

图 2-11

(1)当对称轴在所给范围的左侧，即 $t>1$ 时：当 $x=t$ 时，$y_{\min}=\frac{1}{2}t^2-t-\frac{5}{2}$;

(2)当对称轴在所给范围之间，即 $t \leqslant 1 \leqslant t+1 \Rightarrow 0 \leqslant t \leqslant 1$ 时:当 $x=1$ 时,$y_{\min}=\frac{1}{2}\times 1^2-1-\frac{5}{2}=-3$;

(3)当对称轴在所给范围的右侧，即 $t+1<1 \Rightarrow t<0$ 时:当 $x=t+1$ 时,$y_{\min}=\frac{1}{2}(t+1)^2-(t+1)-\frac{5}{2}=\frac{1}{2}t^2-3$.

$$综上所述,y=\begin{cases}\frac{1}{2}t^2-3, & t<0,\\ -3, & 0 \leqslant t \leqslant 1,\\ \frac{1}{2}t^2-t-\frac{5}{2}, & t>1.\end{cases}$$

【例 5】 已知函数 $y=x^2-2ax+1$(a 为常数) 在 $-2 \leqslant x \leqslant 1$ 上的最小值为 n,试将

n 用 a 表示出来.

分析： 由该函数的图象可知，该函数的最小值与抛物线的对称轴的位置有关，于是需要对对称轴的位置进行分类讨论.

解： 因为 $y=(x-a)^2+1-a^2$,

所以抛物线 $y=x^2-2ax+1$ 的对称轴方程是 $x=a$.

(1)若 $-2\leqslant a\leqslant 1$，当 $x=a$ 时，该函数取最小值 $n=1-a^2$；

(2)若 $a<-2$，当 $x=-2$ 时，该函数取最小值 $n=4a+5$；

(3)若 $a>1$，当 $x=1$ 时，该函数取最小值 $n=-2a+2$.

综上可知，函数的最小值 $n=\begin{cases}4a+5, & a<-2,\\ 1-a^2, & -2\leqslant a\leqslant 1,\\ -2a+2, & a>1.\end{cases}$

习题 2.5

1. 选择题：

(1)函数 $y=-x^2+4x+6$ 的最值情况是　　(　　)

A. 有最大值 6　　B. 有最小值 6

C. 有最大值 10　　D. 有最大值 2

(2)已知函数 $y=2x^2+4x-5$，当 $-3\leqslant x<2$ 时，则 y 值的取值范围是　　(　　)

A. $-3\leqslant y\leqslant 1$　　B. $-7\leqslant y\leqslant 1$

C. $-7\leqslant y\leqslant 11$　　D. $-7\leqslant y<11$

2. 已知函数 $y=-x^2-2x+5$，当自变量 x 在下列取值范围内时，分别求函数的最大值和最小值：

(1)$x\leqslant -2$；　(2)$x\leqslant 2$；　(3)$-2\leqslant x\leqslant 1$；　(4)$0\leqslant x\leqslant 3$.

3. 设 $a>0$，当 $-1\leqslant x\leqslant 1$ 时，函数 $y=-x^2-ax+b+1$ 的最小值是 -4，最大值是 0，求 a,b 的值.

4. 已知函数 $y = x^2 + 2ax + 1$ 在 $-1 \leqslant x \leqslant 2$ 上的最大值为 4，求 a 的值.

5. 求关于 x 的二次函数 $y = x^2 - 2tx + 1$ 在 $-1 \leqslant x \leqslant 1$ 上的最大值(t 为常数).

6. 求函数 $f(x) = x^2 - 2ax + 1, x \in [-1,3]$ 的值域.

第六节　高中视角下的一元二次不等式的解

一般地，含有一个未知数，且未知数的最高次数是 2 的整式不等式，叫作一元二次不等式．一元二次不等式的一般表达形式为 $ax^2 + bx + c > 0(a \neq 0)$ 或 $ax^2 + bx + c < 0(a \neq 0)$，其中 a, b, c 均为常数.

怎样解一元二次不等式 $ax^2 + bx + c > 0(a \neq 0)$ 呢？

由前面对一元二次函数与一元二次方程的研究可知，一元二次函数的图象抛物线与 x 轴的交点，可以确定对应的一元二次方程的解和对应的一元二次不等式的解集.

例如，二次函数 $y = x^2 - x - 6$ 的图象如图 2-12 所示，由对应值表及函数的图象可知：

当 $x = -2$ 或 $x = 3$ 时，$y = 0$，即 $x^2 - x - 6 = 0$；

当 $x < -2$ 或 $x > 3$ 时，$y > 0$，即 $x^2 - x - 6 > 0$；

当 $-2 < x < 3$ 时，$y < 0$，即 $x^2 - x - 6 < 0$.

这就是说，如果抛物线 $y = x^2 - x - 6$ 与 x 轴的交点是 $(-2,0)$ 与 $(3,0)$，那么一元二次方程 $x^2 - x - 6 = 0$ 的解就是 $x_1 = -2, x_2 = 3$.

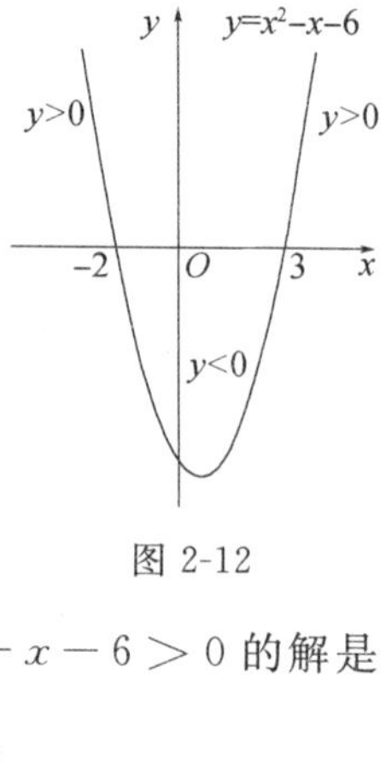

图 2-12

同样，结合抛物线与 x 轴的相关位置，可以得到一元二次不等式 $x^2 - x - 6 > 0$ 的解是 $x < -2$ 或 $x > 3$，一元二次不等式 $x^2 - x - 6 < 0$ 的解是 $-2 < x < 3$.

我们可以用类似于上面例子的方法，借助于二次函数 $y = ax^2 + bx + c(a \neq 0)$ 的图象来

解一元二次不等式 $ax^2+bx+c>0(a\neq 0)$.

为了方便起见，我们先来研究二次项系数 $a>0$ 时的一元二次不等式的解.

我们知道，对于一元二次方程 $ax^2+bx+c=0(a>0)$，设 $\Delta=b^2-4ac$，它的解的情形按照 $\Delta>0$，$\Delta=0$，$\Delta<0$ 分别为下列三种情况：

当 $\Delta>0$ 时，方程有两个不相等的实数解；

当 $\Delta=0$ 时，方程有两个相等的实数解；

当 $\Delta<0$ 时，方程没有实数解.

相应地，抛物线 $y=ax^2+bx+c(a>0)$ 与 x 轴分别有两个公共点、一个公共点和没有公共点(见图 2-13)，因此，我们可以分下列三种情况讨论对应的一元二次不等式 $ax^2+bx+c>0(a>0)$ 与 $ax^2+bx+c<0(a>0)$ 的解.

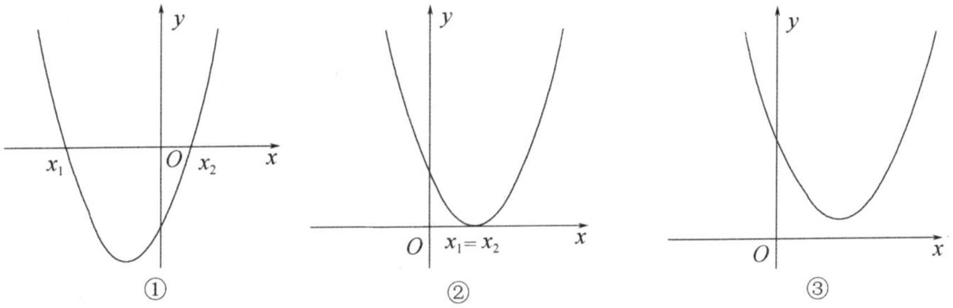

图 2-13

二次函数、二次方程与二次不等式之间的关系见表 2-1.

表 2-1　二次函数、二次方程与二次不等式之间的关系

$\Delta=b^2-4ac$	$\Delta>0$	$\Delta=0$	$\Delta<0$
$y=ax^2+bx+c$ $(a>0)$ 的图象	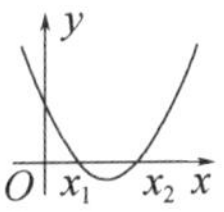	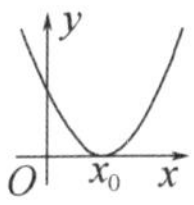	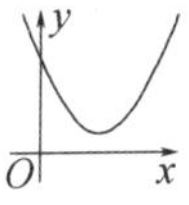
$ax^2+bx+c=0$ $(a>0)$ 的根	有两个相异的实数根 x_1,x_2	有两个相等的实数根 $x_1=x_2=-\dfrac{b}{2a}$	没有实数根
$ax^2+bx+c>0$ $(a>0)$ 的解	$x<x_1$ 或 $x>x_2$	$x\neq-\dfrac{b}{2a}$	全体实数
$ax^2+bx+c<0$ $(a>0)$ 的解	$x_1<x<x_2$	无解	无解

由上可知，一元二次不等式的解集如下：

设方程 $ax^2+bx+c=0(a\neq 0)$ 有两个不相等的实数根 x_1,x_2，且 $x_1<x_2$，则 ax^2+bx

$+c>0(a>0)$ 的解集为 $\{x|x<x_1$ 或 $x>x_2\}$，$ax^2+bx+c<0(a>0)$ 的解集为 $\{x|x_1<x<x_2\}$.

区间的有关概念：若 $a,b\in\mathbf{R}$，且 $a<b$.

当 $a<x<b$ 时，则记作 (a,b)；

当 $a\leqslant x<b$ 时，则记作 $[a,b)$；

当 $x<a$ 时，则记作 $(-\infty,a)$；

当 $x\geqslant b$ 时，则记作 $[b,+\infty)$.

今后，我们在解一元二次不等式时，如果二次项系数大于零，可以利用上面的结论直接求解；如果二次项系数小于零，则可以先在不等式两边同乘以 -1，将不等式变成二次项系数大于零的形式，再利用上面的结论去解不等式.

【例 1】 解下列不等式：

(1) $x^2+2x-3\leqslant 0$；　　(2) $x-x^2+6<0$；

(3) $4x^2+4x+1\geqslant 0$；　　(4) $x^2-6x+9\leqslant 0$；

(5) $-4+x-x^2<0$.

解：(1) 因为 $\Delta>0$，方程 $x^2+2x-3=0$ 的解是 $x_1=-3$，$x_2=1$，

所以原不等式的解为 $-3\leqslant x\leqslant 1$.

(2) 整理，得 $x^2-x-6>0$.

因为 $\Delta>0$，方程 $x^2-x-6=0$ 的解为 $x_1=-2$，$x_2=3$，

所以原不等式的解为 $x<-2$ 或 $x<3$.

(3) 整理，得 $(2x+1)^2\geqslant 0$.

由于上式对任意实数 x 都成立，

所以原不等式的解为一切实数.

(4) 整理，得 $(x-3)^2\leqslant 0$.

由于当 $x=3$ 时，$(x-3)^2=0$ 成立；

而对任意的实数 x，$(x-3)^2<0$ 都不成立，

所以原不等式的解为 $x=3$.

(5) 整理，得 $x^2-x+4>0$.

因为 $\Delta<0$，所以原不等式的解为一切实数.

说明：解一元二次不等式的步骤是：

(1) 化二次项系数为正.

(2) 若二次三项式能分解成两个一次因式的积，则求出两根 x_1，x_2. 那么“>0”型的一

元二次不等式的解为 $x<x_1$ 或 $x>x_2$（俗称“两根之外”），“<0”型的一元二次不等式的解为 $x_1<x<x_2$（俗称“两根之间”）.

(3)否则，对二次三项式进行配方，变成 $ax^2+bx+c=a\left(x+\frac{b}{2a}\right)^2+\frac{4ac-b^2}{4a}$，结合完全平方式为非负数的性质求解．在求解过程中，要密切结合一元二次方程的根的情况以及二次函数的图象.

【例 2】　已知不等式 $ax^2+bx+c<0(a\neq 0)$ 的解是 $x<2$ 或 $x>3$，求不等式 $bx^2+ax+c>0$ 的解.

解：由不等式 $ax^2+bx+c<0(a\neq 0)$ 的解为 $x<2$ 或 $x>3$，可知 $a<0$，且方程 $ax^2+bx+c=0$ 的两个根分别为 2 和 3，

所以 $-\frac{b}{a}=5$，$\frac{c}{a}=6$，即 $\frac{b}{a}=-5$，$\frac{c}{a}=6$.

由于 $a<0$，所以不等式 $bx^2+ax+c>0$ 可变为 $\frac{b}{a}x^2+x+\frac{c}{a}<0$，即 $-5x^2+x+6<0$，

整理，得 $5x^2-x-6>0$，

所以不等式 $bx^2+ax+c>0$ 的解是 $x<-1$ 或 $x>\frac{6}{5}$.

【例 3】　解下列关于 x 的不等式：

(1) $x^2+2x+1-a^2\leqslant 0(a\in\mathbf{R})$；　　(2) $ax^2-(a+1)x+1<0(a\in\mathbf{R})$；

(3) $2x^2+ax+2>0(a\in\mathbf{R})$.

解：(1)原不等式可以变形为 $(x+1+a)(x+1-a)\leqslant 0$，

当 $-1-a<-1+a$，即 $a>0$ 时，可得 $-1-a\leqslant x\leqslant -1+a$；

当 $-1-a=-1+a$，即 $a=0$ 时，不等式即为 $(x+1)^2\leqslant 0$，可得 $x=-1$；

当 $-1-a>-1+a$，即 $a<0$ 时，可得 $-1+a\leqslant x\leqslant -1-a$.

综上，当 $a>0$ 时，原不等式的解为 $-1-a\leqslant x\leqslant -1+a$；

当 $a=0$ 时，原不等式的解为 $x=-1$；

当 $a<0$ 时，原不等式的解为 $-1+a\leqslant x\leqslant -1-a$.

(2)若 $a=0$，则原不等式等价于 $-x+1<0$，解得 $x>1$.

若 $a<0$，则原不等式等价于 $\left(x-\frac{1}{a}\right)(x-1)>0$，解得 $x<\frac{1}{a}$ 或 $x>1$.

若 $a>0$，则原不等式等价于 $\left(x-\frac{1}{a}\right)(x-1)<0$.

①当 $a=1$ 时，$\frac{1}{a}=1$，解 $\left(x-\frac{1}{a}\right)(x-1)<0$，得解集为 $\varnothing$；

②当 $a>1$ 时，$\frac{1}{a}<1$，解 $\left(x-\frac{1}{a}\right)(x-1)<0$，得 $\frac{1}{a}<x<1$；

③当 $0<a<1$ 时，$\frac{1}{a}>1$，解 $\left(x-\frac{1}{a}\right)(x-1)<0$，得 $1<x<\frac{1}{a}$.

综上所述：当 $a<0$ 时，解集为 $\left\{x\middle|x<\frac{1}{a}\text{或}x>1\right\}$；当 $a=0$ 时，解集为 $\{x|x>1\}$；当 $0<a<1$ 时，解集为 $\left\{x\middle|1<x<\frac{1}{a}\right\}$；当 $a=1$ 时，解集为 $\varnothing$；当 $a>1$ 时，解集为 $\left\{x\middle|\frac{1}{a}<x<1\right\}$.

(3)由于 $\Delta=a^2-16$，下面分情况讨论：

①当 $\Delta<0$，即 $-4<a<4$ 时，方程 $2x^2+ax+2=0$ 无实根，所以原不等式的解集为 $\mathbf{R}$.

②当 $\Delta\geqslant0$，即 $a\geqslant4$ 或 $a\leqslant-4$ 时，方程 $2x^2+ax+2=0$ 的两个根分别为

$x_1=\frac{1}{4}(-a-\sqrt{a^2-16})$，$x_2=\frac{1}{4}(-a+\sqrt{a^2-16})$.

当 $a=-4$ 或 4 时，原不等式的解集为 $\left\{x\middle|x\in\mathbf{R}\text{，且 }x\neq-\frac{1}{4}a\right\}$；

当 $a>4$ 或 $a<-4$ 时，原不等式的解集为

$\left\{x\mid x<\frac{1}{4}(-a-\sqrt{a^2-16})\text{ 或 }x>\frac{1}{4}(-a+\sqrt{a^2-16})\right\}$.

说明： 含参数不等式的解题步骤为：

(1)将二次项系数化为正数；

(2)判断相应的方程是否有根(如果可以直接分解因式，可省去此步)；

(3)根据根的情况写出相应的解集(若方程有两个相异的实数根，为了写出解集，还要比较两个根的大小).

另外，当二次项含有参数时，应先讨论二次项系数是否为0，这决定不等式是否为二次不等式.

方法总结：

1. 解一元二次不等式的常见方法

(1)图象法：由一元二次方程、一元二次不等式及二次函数的关系，可以得到解一元二次不等式的一般步骤：

①化不等式为标准形式：$ax^2+bx+c>0(a>0)$ 或 $ax^2+bx+c<0(a>0)$；

②求方程 $ax^2+bx+c=0(a>0)$ 的根，并画出对应函数 $y=ax^2+bx+c$ 图象的简图；

③由图象得出不等式的解集.

(2)代数法：将所给不等式化为一般式后借助分解因式或配方求解.

当 $m<n$ 时，若 $(x-m)(x-n)>0$，则可得 $x>n$ 或 $x<m$；若 $(x-m)(x-n)<0$，则可得 $m<x<n$. 有口诀如下：大于取两边，小于取中间.

2. 含参数的一元二次型的不等式

在解含参数的一元二次型的不等式时，往往要对参数进行分类讨论，为了做到分类“不重不漏”，讨论需从如下三个方面进行考虑：

(1)关于不等式类型的讨论：二次项系数 $a>0, a<0, a=0$.

(2)关于不等式对应的方程根的讨论：两根 $(\Delta>0)$、一根 $(\Delta=0)$、无根 $(\Delta<0)$.

(3)关于不等式对应的方程根的大小的讨论：$x_1>x_2, x_1=x_2, x_1<x_2$.

习题 2.6

1. 求下列一元二次不等式的解集：

(1) $x^2-5x>6$；　　(2) $4x^2-4x+1\leqslant 0$；

(3) $-x^2+7x>6$；　　(4) $2x^2-x+6>0$；

(5) $-\frac{1}{2}x^2+3x-5>0$；　　(6) $(5-x)(x+1)\geqslant 0$.

2. 若一元二次方程 $ax^2+bx+c=0$ 的根为 2，-1，则当 $a<0$ 时，不等式 $ax^2+bx+c\geqslant 0$ 的解集为　　(　　)

A. $\{x|x<-1$ 或 $x>2\}$　　B. $\{x|x\leqslant -1$ 或 $x\geqslant 2\}$

C. $\{x|-1<x<2\}$　　D. $\{x|-1\leqslant x\leqslant 2|\}$

3. 若 $0<t<1$，则不等式 $(x-t)\left(x-\frac{1}{t}\right)<0$ 的解集为　　(　　)

A. $\left\{x\middle|\frac{1}{t}<x<t\right\}$　　B. $\left\{x\middle|x>\frac{1}{t}\text{ 或 }x<t\right\}$

C. $\left\{x\middle|x<\frac{1}{t}\text{ 或 }x>t\right\}$　　D. $\left\{x\middle|t<x<\frac{1}{t}\right\}$

4. 已知关于 x 的不等式 $x^2+ax+b<0$ 的解集为 $(1,2)$，试求关于 x 的不等式 $bx^2+ax+1>0$ 的解集.

5. 已知不等式 $ax^2-bx+2<0$ 的解集为 $\{x|1<x<2\}$，求 a,b 的值.

6. 解关于 x 的不等式 $ax^2-2(a+1)x+4>0$.

第七节　高中视角下的含参数的不等式恒成立问题

"含参不等式的恒成立问题"把不等式、函数、三角函数、几何等内容有机地结合起来，其以覆盖知识点多、综合性强、解法灵活等特点而备受高考、竞赛命题者的青睐. 另外，在解决这类问题的过程中涉及的函数与方程、转化与化归、数形结合、分类讨论等数学思想对锻炼学生的综合解题能力，培养其思维的灵活性、创造性都有着独到的作用. 下面结合实例谈谈这类问题的一般求解策略.

一、判别式法

若所求问题可转化为二次不等式，则可考虑应用判别式法解题. 一般地，对于二次函数 $f(x)=ax^2+bx+c(a\neq 0,x\in\mathbf{R})$，有

(1) $f(x)>0$ 对 $x\in\mathbf{R}$ 恒成立 $\Leftrightarrow\begin{cases}a>0,\\\Delta<0;\end{cases}$

(2) $f(x)<0$ 对 $x\in\mathbf{R}$ 恒成立 $\Leftrightarrow\begin{cases}a<0,\\\Delta<0.\end{cases}$

二、最值法

最值法是将不等式恒成立问题转化为求函数最值问题的一种处理方法，其一般使用类

型有：

(1) $f(x) > a$ 恒成立 $\Leftrightarrow a < f(x)_{\min}$；

(2) $f(x) < a$ 恒成立 $\Leftrightarrow a > f(x)_{\max}$.

三、分离变量法

分离变量法是将所给的不等式通过恒等变形使参数与主元分离于不等式两端，从而使问题转化为求主元函数的最值，进而求出参数的范围．这种方法的本质也还是求最值，但它的思路更清晰，操作性更强．一般地，有：

(1) $f(x) < g(a)$（a 为参数）恒成立 $\Leftrightarrow g(a) > f(x)_{\max}$；

(2) $f(x) > g(a)$（a 为参数）恒成立 $\Leftrightarrow g(a) < f(x)_{\min}$.

四、变换主元法

处理含参不等式恒成立的某些问题时，若能适时地使用变换主元法把主元变量和参数变量进行"换位"思考，往往会使问题降次、简化.

五、数形结合法

数形结合是重要的数学思想方法，在不等式恒成立问题中起着重要的作用．我们知道，函数图象和不等式有着密切的联系：

(1) $f(x) > g(x) \Leftrightarrow$ 函数 $f(x)$ 的图象恒在函数 $g(x)$ 图象的上方；

(2) $f(x) < g(x) \Leftrightarrow$ 函数 $f(x)$ 的图象恒在函数 $g(x)$ 图象的下方.

【例 1】　若不等式 $(m-1)x^2+(m-1)x+2>0$ 的解集是 $\mathbf{R}$，求 m 的取值范围.

解：要想应用上面的结论，就得保证不等式是二次的，这样才有判别式，但二次项系数含有参数 m，所以要讨论 $m-1$ 是否为 0.

(1) 当 $m-1=0$ 时，不等式化为 $2>0$，恒成立，满足题意；

(2) 当 $m-1\neq 0$ 时，只需 $\begin{cases} m-1>0, \\ \Delta=(m-1)^2-8(m-1)<0, \end{cases}$ 所以 $m\in[1,9)$.

说明：若二次不等式中 x 的取值范围有限制，则可利用根的分布解决问题.

【例 2】　设 $f(x)=x^2-2mx+2$，当 $x\in[-1,+\infty]$ 时，$f(x)\geqslant m$ 恒成立，求实数 m 的取值范围.

解：设 $F(x)=x^2-2mx+2-m$，则当 $x\in[-1,+\infty]$ 时，$F(x)\geqslant 0$ 恒成立.

当 $\Delta=4(m-1)(m+2)<0$，即 $-2<m<1$ 时，$F(x)>0$ 显然成立；

当 $\Delta\geqslant 0$ 时，如图 2-14 所示，$F(x)\geqslant 0$ 恒成立的充要条件为

$$\begin{cases}\Delta \geqslant 0, \\ F(-1) \geqslant 0, \\ -\dfrac{-2m}{2} \leqslant -1,\end{cases}$$ 解得 $-3 \leqslant m \leqslant -2$.

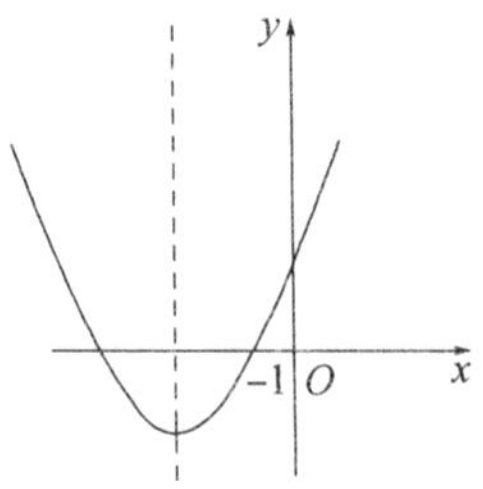

图 2-14

综上可得实数 m 的取值范围为 $[-3,1)$.

【例 3】 若 $x \in [-2,2]$ 时,不等式 $x^2+ax+3 \geqslant a$ 恒成立,求 a 的取值范围.

解:设 $f(x)=x^2+ax+3-a$,则问题转化为当 $x \in [-2,2]$ 时,$f(x)$ 的最小值非负.

(1)当 $-\dfrac{a}{2}<-2$,即 $a>4$ 时,$f(x)_{\min}=f(-2)=7-3a \geqslant 0$,所以 $a \leqslant \dfrac{7}{3}$. 又因为 $a>4$,所以 a 不存在.

(2)当 $-2 \leqslant \dfrac{a}{2} \leqslant 2$,即 $-4 \leqslant a \leqslant 4$ 时,$f(x)_{\min}=f\left(-\dfrac{a}{2}\right)=3-a-\dfrac{a^2}{4} \geqslant 0$,所以 $-6 \leqslant a \leqslant 2$. 又因为 $-4 \leqslant a \leqslant 4$,所以 $-4 \leqslant a \leqslant 2$.

(3)当 $-\dfrac{a}{2}>2$,即 $a<-4$ 时,$f(x)_{\min}=f(2)=7+a \geqslant 0$,所以 $a \geqslant -7$. 又因为 $a<-4$,所以 $-7 \leqslant a<-4$.

综上可得 $-7 \leqslant a \leqslant 2$.

【例 4】 已知函数 $f(x)=ax-\sqrt{4x-x^2}$,当 $x \in (0,4]$ 时,$f(x)<0$ 恒成立,求实数 a 的取值范围.

解:将问题转化为 $a<\dfrac{\sqrt{4x-x^2}}{x}$ 对 $x \in (0,4]$ 恒成立.

令 $g(x)=\dfrac{\sqrt{4x-x^2}}{x}$,则 $a<g(x)_{\min}$.

由 $g(x)=\dfrac{\sqrt{4x-x^2}}{x}=\sqrt{\dfrac{4}{x}-1}$,可知 $g(x)$ 在 $(0,4]$ 上为减函数,故 $g(x)_{\min}=g(4)=0$,所以 $a<0$,即 a 的取值范围为 $(-\infty,0)$.

说明:分离参数后,方向明确,思路清晰,能使问题顺利得到解决.

【例 5】 对任意 $a \in [-1,1]$,不等式 $x^2+(a-4)x+4-2a>0$ 恒成立,求 x 的取值范围.

分析:题中的不等式是关于 x 的一元二次不等式,但若把 a 看成主元,则问题可转化为一次不等式 $(x-2)a+x^2-4x+4>0$ 在 $a \in [-1,1]$ 上恒成立的问题.

解:令 $f(a)=(x-2)a+x^2-4x+4$,则原问题转化为 $f(a)>0$ 恒成立 $(a \in [-1,1])$.

当 $x=2$ 时,可得 $f(a)=0$,不合题意;

当 $x \neq 2$ 时，应有$\begin{cases} f(1) > 0, \\ f(-1) > 0, \end{cases}$ 解之得 $x < 1$ 或 $x > 3$.

故 x 的取值范围为 $(-\infty, 1) \cup (3, +\infty)$.

说明：一般地，一次函数 $f(x) = kx + b(k \neq 0)$ 在 $[\alpha, \beta]$ 上恒有 $f(x) > 0$ 的充要条件为 $\begin{cases} f(\alpha) > 0, \\ f(\beta) > 0. \end{cases}$

【例 6】 若不等式 $2x - 1 > m(x^2 - 1)$ 对满足 $|m| \leqslant 2$ 的所有 m 都成立，求 x 的取值范围.

解：设 $f(m) = m(x^2 - 1) - (2x - 1)$，对满足 $|m| \leqslant 2$ 的 m，$f(m) < 0$ 恒成立，

所以$\begin{cases} f(-2) < 0, \\ f(2) < 0 \end{cases} \Rightarrow \begin{cases} -2(x^2 - 1) - (2x - 1) < 0, \\ 2(x^2 - 1) - (2x - 1) < 0, \end{cases}$ 解得 $\dfrac{-1 + \sqrt{7}}{2} < x < \dfrac{1 + \sqrt{3}}{2}$.

【例 7】 设 $f(x) = \sqrt{-x^2 - 4x}$，$g(x) = \dfrac{4}{3}x + 1 - a$，若恒有 $f(x) \leqslant g(x)$ 成立，求实数 a 的取值范围.

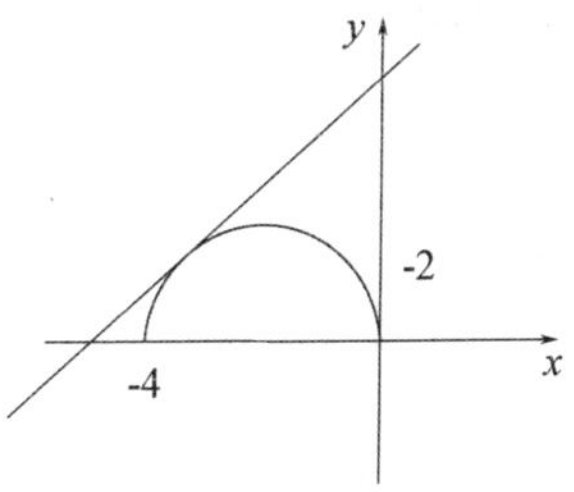

图 2-15

解：在同一直角坐标系中作出 $f(x)$ 及 $g(x)$ 的图象，如图 2-15 所示，$f(x)$ 的图象是半圆 $(x + 2)^2 + y^2 = 4(y \geqslant 0)$，$g(x)$ 的图象是平行的直线系 $4x - 3y + 3 - 3a = 0$.

要使 $f(x) \leqslant g(x)$ 恒成立，则圆心 $(-2, 0)$ 到直线 $4x - 3y + 3 - 3a = 0$ 的距离 d 要满足如下条件：

$$d = \frac{|-8 + 3 - 3a|}{5} \geqslant 2,$$

解得 $a \leqslant -5$ 或 $a \geqslant \dfrac{5}{3}$（舍去）.

由上可知，含参不等式的恒成立问题虽然覆盖知识点多，方法也多种多样，但其核心思想还是等价转化，抓住了这点，就能以“不变应万变”，当然，这需要我们不断地去领悟、体会和总结.

习题 2.7

1. 选择题：

(1) 若不等式 $2kx^2 + kx - \dfrac{3}{8} < 0$ 对一切实数 x 都成立，则 k 的取值范围为　　(　　)

A. $(-3, 0)$　　B. $[-3, 0)$

C. $[-3, 0]$　　D. $(-3, 0]$

(2)若关于 x 的不等式 $x^2-2ax-8a^2<0(a>0)$ 的解集为 (x_1,x_2)，且 $x_2-x_1=15$，则 a 等于 ( )

A. $\frac{5}{2}$　　B. $\frac{7}{2}$　　C. $\frac{15}{4}$　　D. $\frac{15}{2}$

(3)已知函数 $f(x)=-x^2+ax+b^2-b+1(a\in\mathbf{R},b\in\mathbf{R})$，对任意实数 x 都有 $f(1-x)=f(1+x)$ 成立，若当 $x\in[-1,1]$ 时，$f(x)>0$ 恒成立，则 b 的取值范围是 ( )

A. $(-1,0)$　　B. $(2,+\infty)$

C. $(-\infty,-1)\cup(2,+\infty)$　　D. 不能确定

2. 若不等式 $x^2+ax-2>0$ 在区间 $[1,5]$ 上有解，则 a 的取值范围是________.

3. 设函数 $f(x)=mx^2-mx-1$. 若对于 $x\in[1,3]$，$f(x)<-m+5$ 恒成立，求 m 的取值范围.

4. 对任意 $m\in[-1,1]$，函数 $f(x)=x^2+(m-4)x+4-2m$ 的值恒大于零，求 x 的取值范围.

5. 求使不等式 $x^2+(a-6)x+9-3a>0$，$|a|\leqslant 1$ 恒成立的 x 的取值范围.

6. 已知函数 $f(x)=ax^2+(b-8)x-a-ab$，当 $x\in(-\infty,-3)\cup(2,+\infty)$ 时，$f(x)<0$，当 $x\in(-3,2)$ 时，$f(x)>0$.

(1)求 $f(x)$ 在 $[0,1]$ 内的值域；

(2)若 $ax^2+bx+c\leqslant 0$ 的解集为 $\mathbf{R}$，求实数 c 的取值范围.

第八节 高中视角下的一元二次方程根的分布

一元二次方程 $ax^2+bx+c=0$ 的根从几何意义上来说就是抛物线 $y=ax^2+bx+c$ 与 x 轴的交点的横坐标，所以研究方程 $ax^2+bx+c=0$ 的实根的情况，可从 $y=ax^2+bx+c$ 的图象上进行研究.

若研究方程 $ax^2+bx+c=0$ 的实根的正负情况，只需考察函数 $y=ax^2+bx+c$ 与 x 轴的交点个数及交点横坐标的符号，根据判别式以及韦达定理，由 $y=ax^2+bx+c$ 的系数可判断出 Δ,x_1+x_2,x_1x_2 的符号，从而判断出实根的情况.

下面首先研究一元二次方程根的存在条件.

例如：a 为何值时，函数 $y=ax^2+bx+c$ (1)有两个正根？(2)有两个异号根？(3)两个根在(0,1)中？

对于第(1)(2)问，可采取以下两种方法：

方法一：一看 a，二看判别式，三看韦达定理.

$$x_1>0,x_2>0\Leftrightarrow\begin{cases}a\neq 0,\\ \Delta=b^2-4ac\geqslant 0,\\ x_1+x_2=-\dfrac{b}{a}>0,\\ x_1\cdot x_2=\dfrac{c}{a}>0;\end{cases}\quad x_1>0,x_2<0\Leftrightarrow\begin{cases}a\neq 0,\\ \Delta=b^2-4ac>0,\\ x_1\cdot x_2=\dfrac{c}{a}>0.\end{cases}$$

做题的思路：①判断两根之和与两根之积的情况；②列相应的不等式组；③求解结果.

方法二：一看 a，二看判别式，三看图象.

$$x_1>0,x_2>0\Leftrightarrow\begin{cases}a\neq 0,\\ \Delta=b^2-4ac\geqslant 0,\\ -\dfrac{b}{2a}>0,\\ af(0)=ac>0;\end{cases}\quad x_1>0,x_2<0\Leftrightarrow\begin{cases}a\neq 0,\\ \Delta=b^2-4ac\geqslant 0,\\ af(0)=ac<0.\end{cases}$$

做题的思路：①画出图象的草图；②列相应的不等式组；③求解结果.

若研究二次方程 $ax^2+bx+c=0$ 的实根的其他情况，则需结合二次函数的图象，由二次项系数、判别式、对称轴和特殊点对应的函数值共同来确定，具体情况见表 2-2、表 2-3 和表 2-4.

表 2-2　两个根与 0 的大小比较（即根的正负情况）

分布情况	两个负根，即两个根都小于 0（$x_1<0,x_2<0$）	两个正根，即两个根都大于 0（$x_1>0,x_2>0$）	一正根一负根，即一个根小于 0，一个根大于 0（$x_1<0<x_2$）
大致图象（$a>0$）	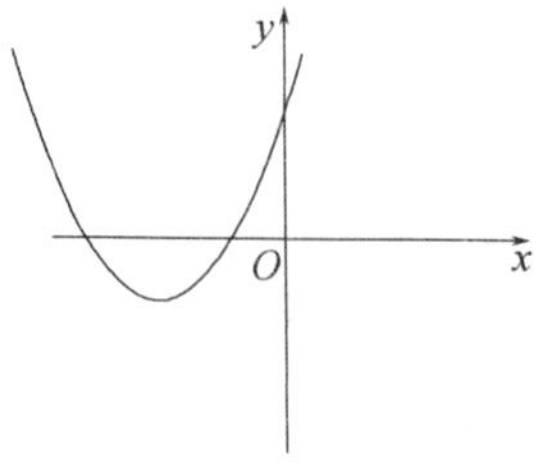	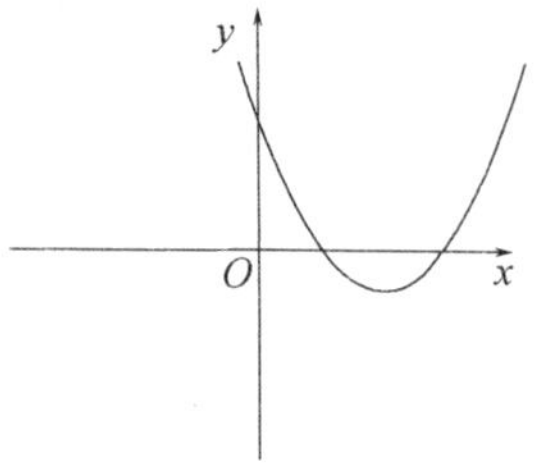	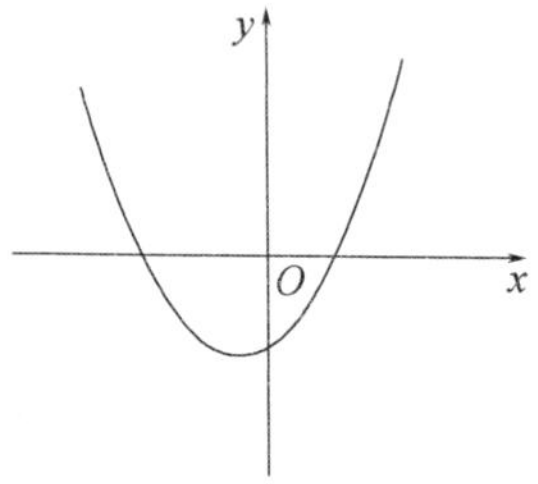
得出的结论	$\begin{cases}\Delta\geqslant 0,\\ -\dfrac{b}{2a}<0,\\ f(0)>0\end{cases}$	$\begin{cases}\Delta\geqslant 0,\\ -\dfrac{b}{2a}>0,\\ f(0)>0\end{cases}$	$f(0)<0$
大致图象（$a<0$）	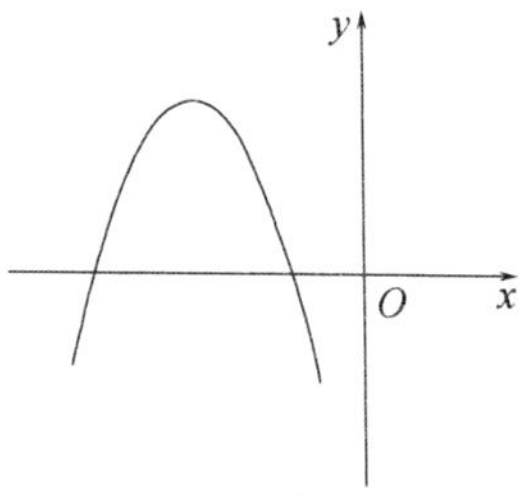	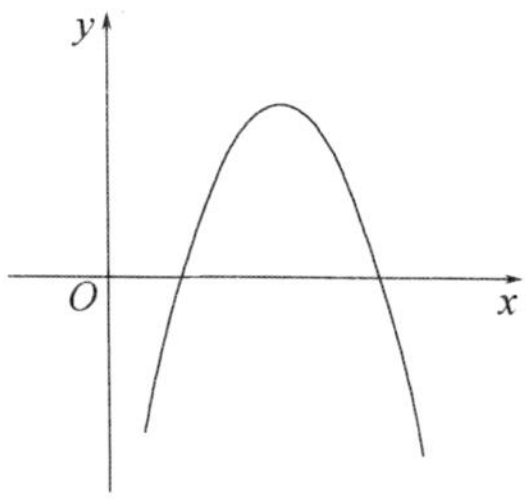	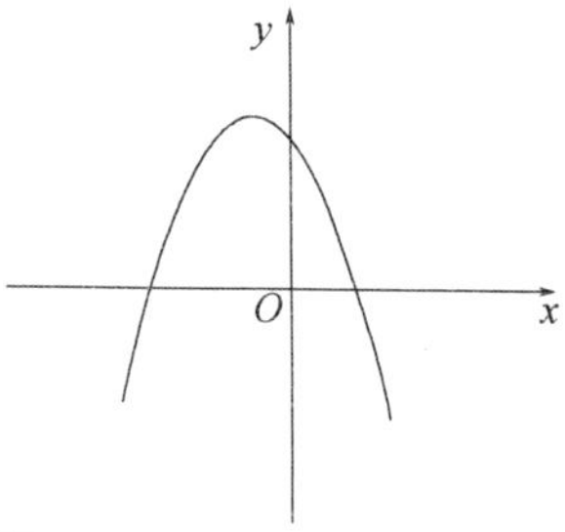
得出的结论	$\begin{cases}\Delta\geqslant 0,\\ -\dfrac{b}{2a}<0,\\ f(0)<0\end{cases}$	$\begin{cases}\Delta\geqslant 0,\\ -\dfrac{b}{2a}>0,\\ f(0)<0\end{cases}$	$f(0)>0$
综合结论（不讨论 a）	$\begin{cases}\Delta\geqslant 0,\\ -\dfrac{b}{2a}<0,\\ a\cdot f(0)>0\end{cases}$	$\begin{cases}\Delta\geqslant 0,\\ -\dfrac{b}{2a}>0,\\ a\cdot f(0)>0\end{cases}$	$a\cdot f(0)<0$

表 2-3　两个根与 k 的大小比较

分布情况	两个根都小于 k，即 $x_1<k,x_2<k$	两个根都大于 k，即 $x_1>k,x_2>k$	一个根小于 k，另一个根大于 k，即 $x_1<k<x_2$
大致图象（$a>0$）	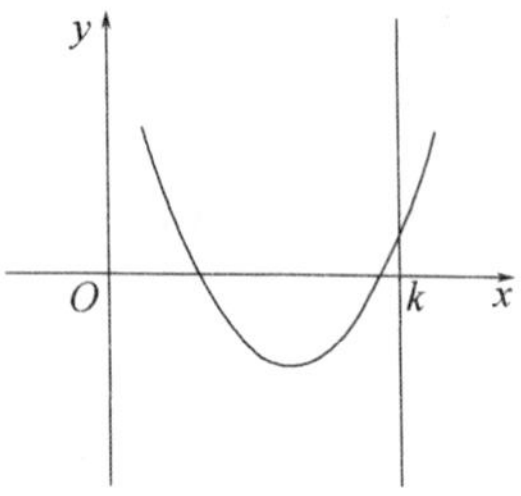	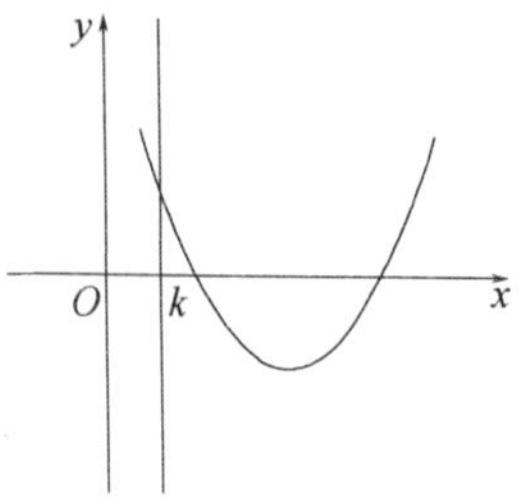	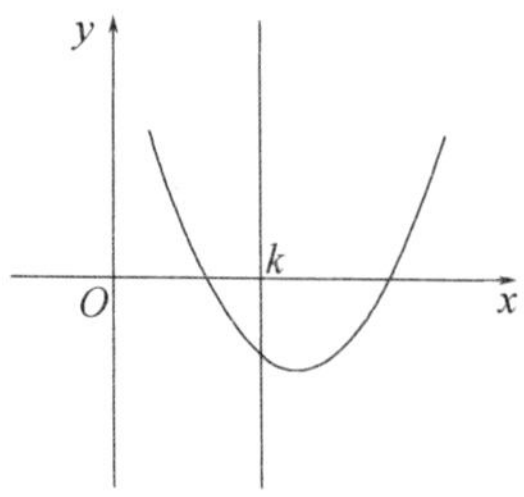

续表

分布情况	两个根都小于 k，即 $x_1<k, x_2<k$	两个根都大于 k，即 $x_1>k, x_2>k$	一个根小于 k，另一个根大于 k，即 $x_1<k<x_2$
得出的结论	$\begin{cases}\Delta\geqslant 0,\\ -\dfrac{b}{2a}<k,\\ f(k)>0\end{cases}$	$\begin{cases}\Delta\geqslant 0,\\ -\dfrac{b}{2a}>k,\\ f(k)>0\end{cases}$	$f(k)<0$
大致图象 ($a<0$)	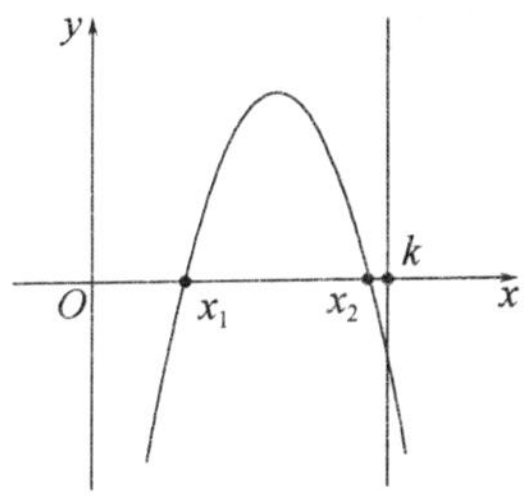	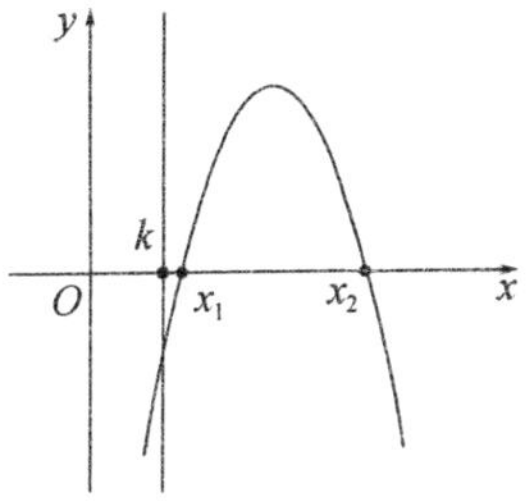	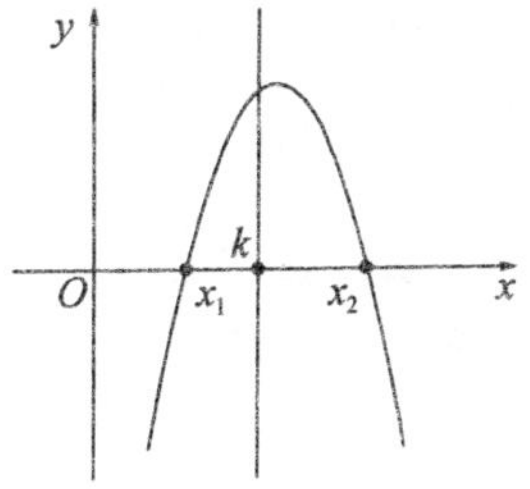
得出的结论	$\begin{cases}\Delta\geqslant 0,\\ -\dfrac{b}{2a}<k,\\ f(k)<0\end{cases}$	$\begin{cases}\Delta\geqslant 0,\\ -\dfrac{b}{2a}>k,\\ f(k)<0\end{cases}$	$f(k)>0$
综合结论（不讨论 a）	$\begin{cases}\Delta\geqslant 0,\\ -\dfrac{b}{2a}<k,\\ a\cdot f(k)>0\end{cases}$	$\begin{cases}\Delta\geqslant 0,\\ -\dfrac{b}{2a}>k,\\ a\cdot f(k)>0\end{cases}$	$a\cdot f(k)<0$

表 2-4　根在区间上的分布

分布情况	两个根都在 (m,n) 内	两个根有且仅有一个根在 (m,n) 内（图象有两种情况，此处只画了一种）	一个根在 (m,n) 内，另一个根在 (p,q) 内，$m<n<p<q$
大致图象 ($a>0$)	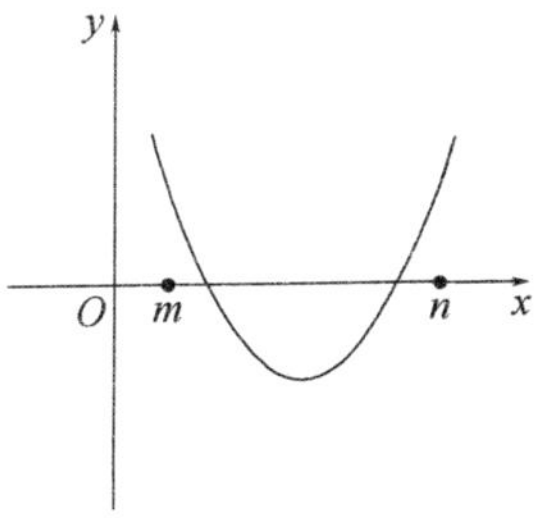	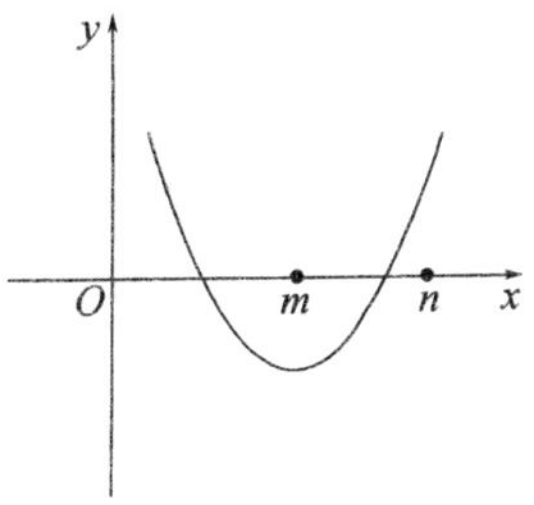	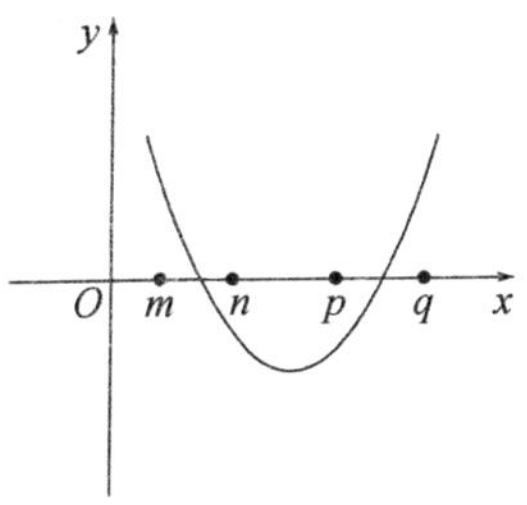
得出的结论	$\begin{cases}\Delta\geqslant 0,\\ f(m)>0,\\ f(n)>0,\\ m<-\dfrac{b}{2a}<n\end{cases}$	$f(m)\cdot f(n)<0$	$\begin{cases}f(m)>0,\\ f(n)<0,\\ f(p)<0,\\ f(q)>0\end{cases}$ 或 $\begin{cases}f(m)\cdot f(n)<0,\\ f(p)\cdot f(q)<0\end{cases}$

续表

分布情况	两个根都在 (m,n) 内	两个根有且仅有一个根在 (m,n) 内（图象有两种情况，此处只画了一种）	一个根在 (m,n) 内，另一个根在 (p,q) 内，$m<n<p<q$
大致图象 $(a<0)$	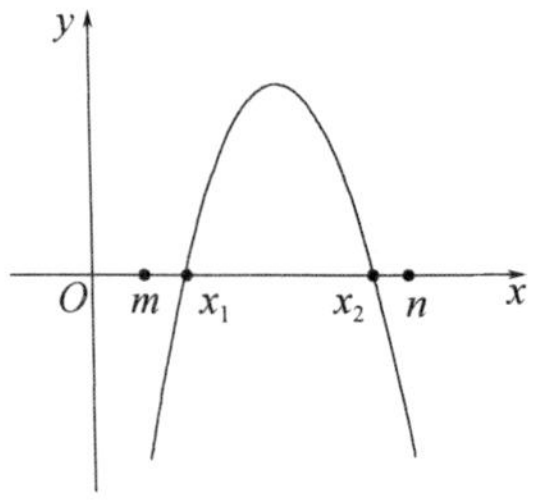	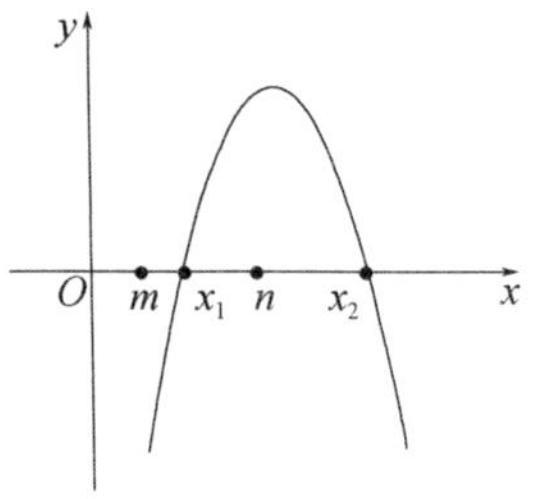	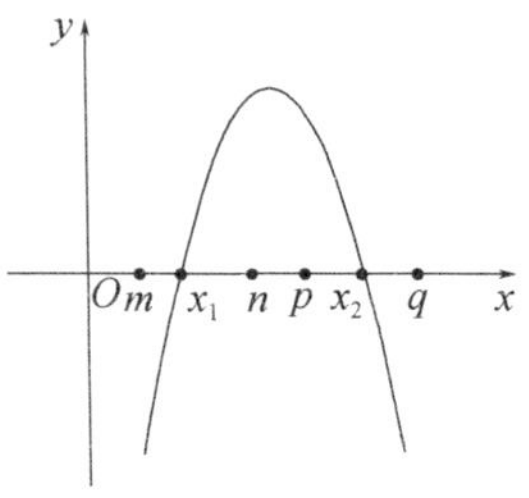
得出的结论	$\begin{cases}\Delta\geqslant 0,\\ f(m)<0,\\ f(n)<0,\\ m<-\dfrac{b}{2a}<n\end{cases}$	$f(m)\cdot f(n)<0$	$\begin{cases}f(m)<0,\\ f(n)>0,\\ f(p)>0,\\ f(q)<0\end{cases}$ 或 $\begin{cases}f(m)\cdot f(n)<0,\\ f(p)\cdot f(q)<0\end{cases}$
综合结论（不讨论 a）	$\begin{cases}\Delta\geqslant 0,\\ af(m)>0,\\ af(n)>0,\\ m<-\dfrac{b}{2a}<n\end{cases}$	$f(m)\cdot f(n)<0$	$\begin{cases}f(m)\cdot f(n)<0\\ f(p)\cdot f(q)<0\end{cases}$

根在区间上的分布还有一种情况：两个根分别在区间 (m,n) 两侧，即在区间 $x_1<m$ 或 $x_2>n$ 内，图形分别如图 2-16①②所示，需满足的条件分别是：

①当 $a>0$ 时，$\begin{cases}f(m)<0,\\ f(n)<0;\end{cases}$　　②当 $a<0$ 时，$\begin{cases}f(m)>0,\\ f(n)>0.\end{cases}$

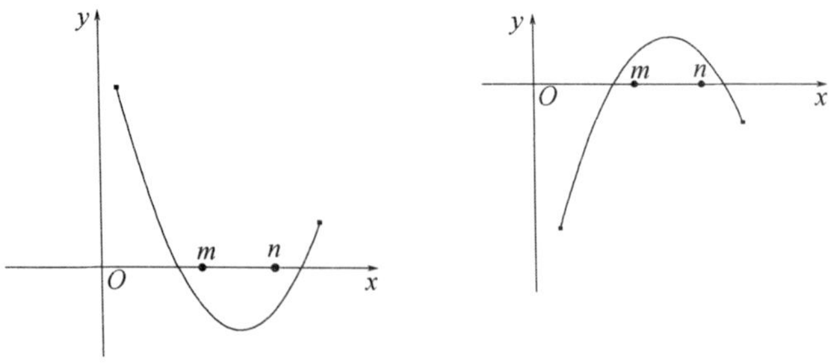

①　　②

图 2-16

下面对表 2-4 中的一些特殊情况作如下说明：

(1)两个根有且仅有一个根在 (m,n) 内有以下特殊情况：若 $f(m)=0$ 或 $f(n)=0$，则此时 $f(m)\cdot f(n)<0$ 不成立，但对于这种情况是知道了方程有一个根为 m 或 n，可以求出另外一个根，然后可以根据另外一个根在区间 (m,n) 内，从而求出参数的值.

例如，方程 $mx^2-(m+2)x+2=0$ 在区间 $(1,3)$ 上有一个根，因为 $f(1)=0$，所以 $mx^2-(m+2)x+2=(x-1)(mx-2)$，另一个根为 $\frac{2}{m}$. 由 $1<\frac{2}{m}<3$，得 $\frac{2}{3}<m<2$ 即为所求.

(2)方程有且只有一个根，且这个根在区间 (m,n) 内，即 $\Delta=0$，此时由 $\Delta=0$ 可以求出参数的值，然后再将参数的值代入方程，求出相应的根，检验根是否在给定的区间内，如果不在，舍去相应的参数.

例如，方程 $x^2-4mx+2m+6=0$ 有且只有一个根在区间 $(-3,0)$ 内，求 m 的取值范围.

分析：①由 $f(-3)\cdot f(0)<0$，即 $(14m+15)(m+3)<0$，得出 $-3<m<-\frac{15}{14}$.

②由 $\Delta=0$，即 $16m^2-4(2m+6)=0$，得出 $m=-1$ 或 $m=\frac{3}{2}$. 当 $m=-1$ 时，根 $x=-2\in(-3,0)$，即 $m=-1$ 满足题意；当 $m=\frac{3}{2}$ 时，根 $x=3\notin(-3,0)$，故 $m=\frac{3}{2}$ 不满足题意. 综上分析，得出 $-3<m<-\frac{15}{14}$ 或 $m=-1$.

【例 1】　求实数 m 的范围，使关于 x 的方程 $x^2+2(m-1)x+2m+6=0$.

(1)有两个实根，且一个比 2 大，一个比 2 小；

(2)有两个实根 α,β，且满足 $0<\alpha<1<\beta<4$；

(3)至少有一个正根.

解：设 $y=f(x)=x^2+2(m-1)x+2m+6$.

(1)依题意，有 $f(2)<0$，即 $4+4(m-1)+2m+6<0$，得 $m<-1$.

(2)依题意，有

$$\begin{cases}f(0)=2m+6>0,\\ f(1)=4m+5<0,\\ f(4)=10m+14>0,\end{cases}\quad \text{解得}\ -\frac{7}{5}<m<-\frac{5}{4}.$$

(3)方程至少有一个正根有以下三种可能：

①若有两个正根，此时可得 $\begin{cases}\Delta\geqslant 0,\\ f(0)>0,\\ \frac{2(m-1)}{-2}>0,\end{cases}$ 即 $\begin{cases}m\leqslant -1\ \text{或}\ m\geqslant 5,\\ m>-3,\\ m<1,\end{cases}$ 所以 $-3<m\leqslant -1$.

②若有一个正根、一个负根，此时可得 $f(0)<0$，得 $m<-3$.

③若有一个正根，另一个根为 0，此时可得$\begin{cases}6+2m=0,\\2(m-1)<0,\end{cases}$所以 $m=-3$.

综上所述，可得 $m\leqslant -1$.

【例 2】 已知二次方程 $mx^2+(2m-1)x-m+2=0$ 的两个根都小于 1，求 m 的取值范围.

解法一：二次方程的两个根都小于 1，其条件为

$$\begin{cases}\Delta=(2m-1)^2+4m(m-2)\geqslant 0, & ①\\ m[m+(2m-1)-m+2]>0, & ②\\ -\dfrac{2m-1}{2m}<1, & ③\end{cases}$$

解 ①②③ 得，m 的取值范围是 $m<-\dfrac{1}{2}$ 或 $m\geqslant \dfrac{3+\sqrt{7}}{4}$.

解法二：二次方程 $mx^2+(2m-1)x-m+2=0$ 有两个根的充要条件是 $\Delta\geqslant 0$.

设两个根分别为 x_1,x_2，由于 x_1,x_2 都小于 1，即 $x_1-1<0,x_2-1<0$，其条件为

$$\begin{cases}(x_1-1)+(x_2-1)<0,\\(x_1-1)(x_2-1)>0,\end{cases}$$

即

$$\begin{cases}x_1+x_2-2<0,\\x_1x_2-(x_1+x_2)+1>0,\end{cases}$$

因此，方程的两个根都小于 1 的条件是

$$\begin{cases}(2m-1)^2+4m(m-2)\geqslant 0,\\-\dfrac{2m-1}{m}-2<0,\\\dfrac{-m+2}{m}+\dfrac{2m-1}{m}+1>0,\end{cases}$$

结果同解法一(略).

解法三：令 $y=x-1$，则原方程可转化为 $m(y+1)^2+(2m-1)(y+1)-m+2=0$，即

$$my^2+(4m-1)y+2m+1=0, \tag{*}$$

因为原方程的两个根都小于 1，所以方程(*)的两个实根都小于 0，其条件是

$$\begin{cases}\Delta\geqslant 0,\\-\dfrac{4m-1}{m}<0,\\\dfrac{2m+1}{m}>0,\end{cases}$$

同样可求出 m 的取值范围(略).

【例 3】 已知二次方程 $(m-1)x^2+(3m+4)x+(m+1)=0$ 的两个根都属于 $(-1,1)$，求 m 的取值范围.

解: 令二次函数 $f(x)=(m-1)x^2+(3m+4)x+m+1$，则 $m-1\neq 0$，即 $m\neq 1$.

$f(x)=0$ 的两个实根均在 $(-1,1)$ 上，当且仅当

$$\begin{cases}\Delta=(3m+4)^2-4(m-1)(m+1)\geqslant 0,\\ -1<-\dfrac{3m+4}{2m-2}<1,\\ (m-1)f(-1)>0,\\ (m-1)f(1)>0,\end{cases}$$

解得 $-4<m\leqslant\dfrac{-12-2\sqrt{11}}{5}$ 或 $\dfrac{-12+2\sqrt{11}}{5}\leqslant m<-\dfrac{4}{5}$.

所以 m 的取值范围为 $-4<m\leqslant\dfrac{-12-2\sqrt{11}}{5}$ 或 $\dfrac{-12+2\sqrt{11}}{5}\leqslant m<-\dfrac{4}{5}$.

【例 4】 如果二次函数 $y=mx^2+(m-3)x+1$ 的图象与 x 轴的交点至少有一个在原点的右侧，试求 m 的取值范围.

解: 因为 $f(0)=1>0$，则

(1) 当 $m<0$ 时，二次函数的图象与 x 轴有两个交点且分别在 y 轴的两侧，符合题意.

(2) 当 $m>0$ 时，则 $\begin{cases}\Delta\geqslant 0,\\ \dfrac{3-m}{m}>0,\end{cases}$ 解得 $0<m\leqslant 1$.

综上所述，m 的取值范围是 $m\leqslant 1$ 且 $m\neq 0$.

说明: 当研究含参数的二次函数图象对应方程的实根的情况时，关注特殊点对应的函数值的符号可以确定二次函数图象的位置，一般可以减少讨论的情况.

【例 5】 已知抛物线 $y=2x^2-mx+m$ 与直角坐标平面上以 $(0,0)$，$(1,1)$ 两点为端点的线段(除去两个端点)有公共点，求 m 的取值范围.

解: 以 $(0,0)$，$(1,1)$ 两点为端点的线段所在直线为 $y=x$，代入抛物线方程，得

$$x=2x^2-mx+m,$$

即

$$2x^2-(m+1)x+m=0. \qquad ①$$

由题意，方程 ① 在区间 $(0,1)$ 上有实根，令 $f(x)=2x^2-(m+1)x+m$，则当且仅当

$$f(0)\cdot f(1)<0 \text{ 或 } \begin{cases}\Delta\geqslant 0\\ 0<\dfrac{m+1}{4}<1,\\ f(0)>0,\\ f(1)>0,\end{cases}$$

即 $m<0$ 或 $\begin{cases} m^2-6m+1\geqslant 0, \\ -1<m<3, \\ m>0, \end{cases}$ 解得 $m\leqslant 3-2\sqrt{2}$ 且 $m\neq 0$.

故 m 的取值范围为 $m\leqslant 3-2\sqrt{2}$ 且 $m\neq 0$.

习题 2.8

1. 选择题:

(1)若方程 $f(x)=ax^2+bx+c=0(a>0)$ 的两个根都大于 1,则需满足的条件是 ( )

A. $\Delta\geqslant 0$ 且 $f(1)>0$　　B. $f(1)>0$ 且 $-\dfrac{b}{a}>2$

C. $\Delta\geqslant 0$ 且 $-\dfrac{b}{a}>2,\dfrac{c}{a}>1$　　D. $\Delta\geqslant 0$ 且 $f(1)>0,-\dfrac{b}{a}>2$

(2)已知 $f(x)=(x-a)(x-b)-2(a<b)$,并且 α,β 是方程 $f(x)=0$ 的两根($\alpha<\beta$),则实数 a,b,α,β 的大小关系是 ( )

A. $\alpha<a<b<\beta$　　B. $a<\alpha<\beta<b$

C. $a<\alpha<b<\beta$　　D. $\alpha<a<\beta<b$

2. 填空题:

(1)已知方程 $x^2+2mx+2m^2-3=0$ 有一个根大于 2,另一个根比 2 小,则 m 的取值范围为________.

(2)若一元二次方程 $mx^2-(m+1)x+3=0$ 的两个实根都大于 -1,则 m 的取值范围为________.

3. 已知关于 x 的二次方程 $x^2+2mx+2m+1=0$.

(1)若方程有两个根,其中一个根在区间 $(-1,0)$ 内,另一个根在区间 $(1,2)$ 内,求 m 的取值范围;

(2)若方程的两个根均在区间 $(0,1)$ 内,求 m 的取值范围.

4. 已知二次方程 $(2m+1)x^2-2mx+(m-1)=0$ 有且只有一个实根属于 $(1,2)$,且 $x=1$,$x=2$ 都不是方程的根,求 m 的取值范围.

5. 已知二次函数 $f(x)=px^2+qx+r$ 中的实数 p,q,r 满足 $\frac{p}{m+2}+\frac{q}{m+1}+\frac{r}{m}=0$，其中 $m>0$.

求证：(1) $pf\left(\frac{m}{m+1}\right)<0$；

(2) 方程 $f(x)=0$ 在 $(0,1)$ 内恒有解.

第九节　高中视角下的含绝对值的函数与不等式

在初中我们已经学习过绝对值的代数意义：正数的绝对值是它的本身，负数的绝对值是它的相反数，零的绝对值仍是零. 即

$$|a|=\begin{cases}a, & a>0,\\ 0, & a=0,\\ -a, & a<0.\end{cases}$$

绝对值的几何意义：一个数的绝对值是数轴上表示它的点到原点的距离.

两个数的差的绝对值的几何意义：$|a-b|$ 表示数轴上，表示数 a 和数 b 的点之间的距离.

绝对值的基本性质(应用)：(1) $|a|^2=a^2$；(2) $\sqrt{a^2}=|a|$；(3) $|ab|=|a||b|$；(4) $|a|\geqslant 0$；(5) $|a|\geqslant a$.

我们知道，解含绝对值的方程时，常常要运用绝对值的几何意义和代数意义.

在高中，绝对值经常和数轴上两点间的距离，含有绝对值的函数、不等式有关，通过它你可以更好地了解数形结合、分类讨论的数学思想方法. 下面我们先探究如何解含绝对值的不等式.

如何通过“$|x|<a(a>0)\Leftrightarrow -a<x<a$”求解不等式 $|2x+1|<3$?

可以通过“变量替换”的方法求解不等式 $|ax+b|<c$ 或 $|ax+b|>c(c>0)$.

即 $|ax+b|<c\Leftrightarrow -c<ax+b<c$；$|ax+b|>c\Leftrightarrow ax+b<-c$ 或 $ax+b>c$.

【例 1】 已知数轴上两点的坐标分别为 $A(-3)$, $B(2)$，求 A, B 两点间的距离.

解： 由绝对值的意义，数轴上两点间的距离 $d=|2-(-3)|=5$.

一般地，数轴上两点间的距离公式为 $d=|x_2-x_1|$.

【例 2】 (1)求函数 $y=ax+b, x\in[1,3]$ 的值域；

(2)求函数 $y=|ax+b|$ 的值域；

(3)求函数 $y=|ax+b|, x\in[1,2]$ 的值域.

解：(1)①当 $a=0$ 时，值域是 $\{b\}$；

②当 $a>0$ 时，值域是 $[a+b, 3a+b]$；

③当 $a<0$ 时，值域是 $[3a+b, a+b]$.

(2)①当 $a=0$ 时，值域为 $\{|b|\}$；

②当 $a\neq 0$ 时，值域为 $[0,+\infty)$.

(3)①当 $a=0$ 时，值域为 $\{|b|\}$.

②当 $a\neq 0$ 时，先画出 $y=|ax+b|$ 的图象，如图 2-17 所示.

a. 当 $-\dfrac{b}{a}\leqslant 1$ 时，值域为 $[|a+b|, |2a+b|]$；

b. 当 $1<-\dfrac{b}{a}\leqslant\dfrac{3}{2}$ 时，值域为 $[0, |2a+b|]$；

c. 当 $\dfrac{3}{2}<-\dfrac{b}{a}\leqslant 2$ 时，值域为 $[0, |a+b|]$；

d. 当 $-\dfrac{b}{a}>2$ 时，值域为 $[|2a+b|, |a+b|]$.

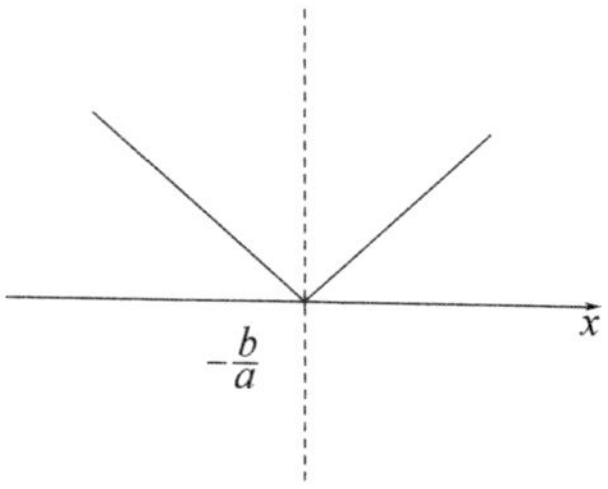

图 2-17

【例 3】 已知函数 $f(x)=|x-8|-|x-4|$.

(1)作出函数 $y=f(x)$ 的图象；

(2)解不等式 $|x-8|-|x-4|>2$.

解：(1)$f(x)=\begin{cases}4, & x\leqslant 4,\\ -2x+12, & 4<x\leqslant 8,\\ -4, & x>8,\end{cases}$

图象如图 2-18 所示.

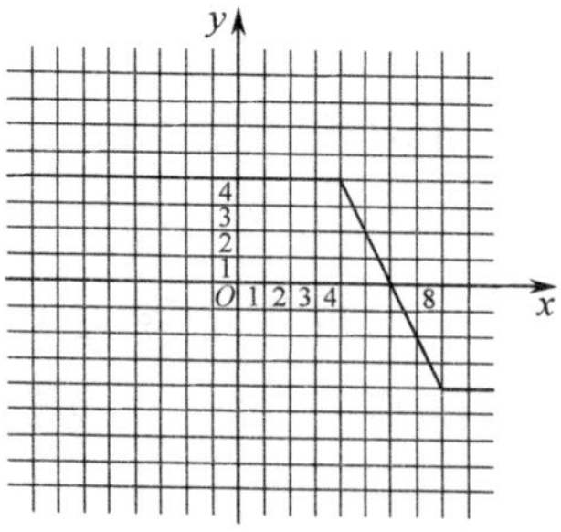

图 2-18

(2)不等式 $|x-8|-|x-4|>2$，即 $f(x)>2$.

由 $-2x+12=2$，得 $x=5$.

由函数 $f(x)$ 的图象可知，原不等式的解集为 $(-\infty, 5)$.

方法归纳：数形结合是解决含有绝对值的函数问题的重要方法. 要注意含有绝对值的函数与不含绝对值的函数的图象间的关系. 一般地，含有绝对值的函数通常可以转化为不含绝对值的问题来研究. 含有字母的函数在进行分类讨论时要注意不重不漏.

【例 4】 解不等式 $2<|2x-5|\leqslant 7$.

解法一： 原不等式等价于$\begin{cases}|2x-5|>2,\\|2x-5|\leqslant 7,\end{cases}$

所以$\begin{cases}2x-5>2\text{ 或 }2x-5<-2,\\-7\leqslant 2x-5\leqslant 7,\end{cases}$　即$\begin{cases}x>\dfrac{7}{2}\text{ 或 }x<\dfrac{3}{2},\\-1\leqslant x\leqslant 6.\end{cases}$

所以原不等式的解集为$\left\{x\left|-1\leqslant x<\dfrac{3}{2}\text{ 或}\dfrac{7}{2}<x\leqslant 6\right.\right\}$.

解法二： 原不等式的解集是下面两个不等式组解集的并集.

(Ⅰ)$\begin{cases}2x-5\geqslant 0,\\2<2x-5\leqslant 7;\end{cases}$　(Ⅱ)$\begin{cases}2x-5<0,\\2<5-2x\leqslant 7.\end{cases}$

不等式组(Ⅰ)的解集为$\left\{x\left|\dfrac{7}{2}<x\leqslant 6\right.\right\}$；

不等式组(Ⅱ)的解集是$\left\{x\left|-1\leqslant x<\dfrac{3}{2}\right.\right\}$.

所以原不等式的解集是$\left\{x\left|-1\leqslant x<\dfrac{3}{2}\text{ 或}\dfrac{7}{2}<x\leqslant 6\right.\right\}$.

注意： 解含有绝对值符号的不等式的基本思想是去掉绝对值符号，使不等式变为不含绝对值符号的一般不等式，而后其解法与解一般不等式或不等式组相同.

【例 5】　解不等式 $|x+3|+|x-3|>8$.

解法一： 这是一个含有两个绝对值符号的不等式，为了使其转化为解不含绝对值符号的不等式，应进行分类讨论.

令 $x+3=0$,$x-3=0$,得 $x=-3$ 或 3.可分以下三种情况求解：

①$\begin{cases}x>3,\\x+3+x-3>8,\end{cases}$解得 $x>4$；

②$\begin{cases}-3\leqslant x\leqslant 3,\\x+3-x+3>8,\end{cases}$解得 $x\in\varnothing$；

③$\begin{cases}x<-3,\\-x-3-x+3>8,\end{cases}$解得 $x<-4$.

取 ①②③ 的并集可得原不等式的解为 $x>4$ 或 $x<-4$.

注意： 解这类绝对值符号里是一次式的不等式，如 $|x-a|+|x-b|>c$ 或$|x-a|-|x-b|<c$,$|x-a|>|x-b|$或$|x-a|>x-b$,常用“零点分段法”.其一般步骤为：

(1)分别求出每个绝对值为零的根，称之为零点；

(2)将各零点在数轴上标出来，它们将数轴分成若干段；

(3)依次对各段上的 x 进行讨论，求出相应的不等式的解集；

(4)取这些不等式解集的并集即得原不等式的解集.

解法二： 利用绝对值的几何意义解题.

$|x+3|+|x-3|>8$ 表示数轴上与 $A(-3)$，$B(3)$ 两点的距离之和大于 8 的点，而 $|AB|=6$，如图 2-19 所示.

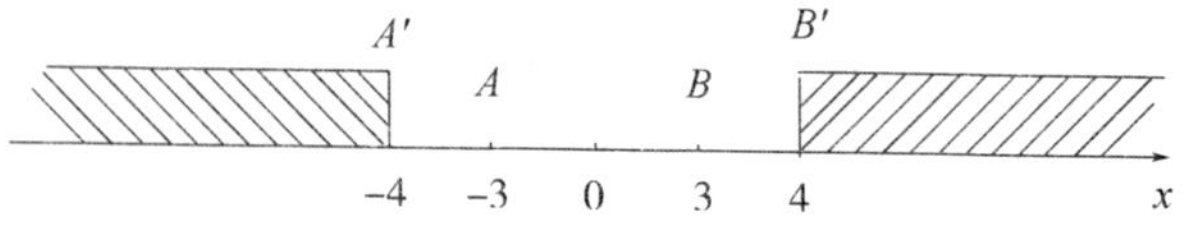

图 2-19

因此，要找与 A，B 两点的距离之和为 8 的点，只需由点 B 向右移 1 个单位，或由点 A 向左移 1 个单位(见图 2-19).

由此可得，原不等式的解集为 $\{x\,|\,x<-4$ 或 $x>4\}$.

解法三： 利用函数的图象解题.

分别画出 $y_1=|x+3|+|x-3|$ 与 $y_2=8$ 的图象，如图 2-20 所示.

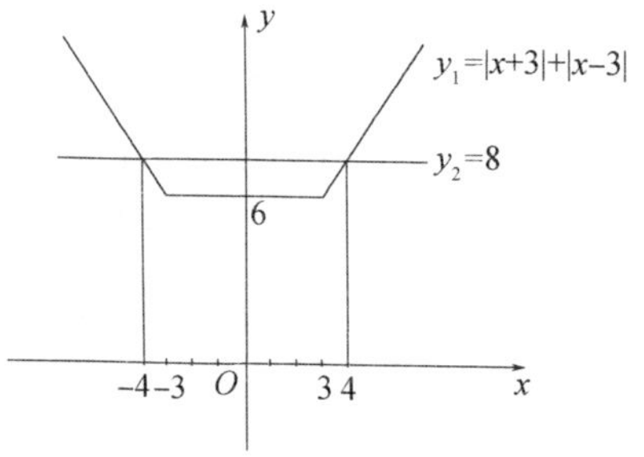

$$y_1=\begin{cases}-2x, & x<-3,\\ 6, & -3\leqslant x\leqslant 3,\\ 2x, & x>3\end{cases}$$

图 2-20

观察图象可知：要使 $y_1>y_2$，只需 $x<-4$ 或 $x>4$.

所以原不等式的解集为 $\{x\,|\,x<-4$ 或 $x>4\}$.

总结： 对于形如 $|x-a|+|x+b|>c$，$|x-a|-|x-b|<c$ 或 $|x-a|>|x-b|$ 的不等式，利用不等式的几何意义或者画出左右两边的图象去解不等式，更为直观、简捷.

解含有绝对值的不等式的关键在于去掉绝对值的符号，常见解法如下：

(1)定义法；

(2)零点分段法：通常适用于含有两个及两个以上的绝对值符号的不等式；

(3)平方法：通常适用于两端均为非负实数时(比如 $|f(x)|<|g(x)|$)；

(4)图象法或数形结合法；

(5)不等式同解变形原理：

$$a<|f(x)|<b(b>a>0)\Leftrightarrow a<f(x)<b \text{ 或 } -b<f(x)<-a;$$

$$|f(x)| < g(x) \Leftrightarrow -g(x) < f(x) < g(x);$$

$$|f(x)| > g(x) \Leftrightarrow f(x) > g(x) \text{ 或 } f(x) < -g(x).$$

把数化为形是数形结合思想，例 5 中的解法三利用图形的直观性化难为易，有事半功倍之效、简洁明快之感. 我们可以尝试再画几个含有绝对值的函数的图象.

【例 6】　作出下列函数的图象：

(1) $y = x^2 - 2|x| + 1$；　　　　(2) $y = |x+1| + |x-1|$；

(3) $y = |x^2 - 2x - 3|$.

解：(1) $y = x^2 - 2|x| + 1 = \begin{cases} x^2 - 2x + 1, & x \geqslant 0, \\ x^2 + 2x + 1, & x < 0. \end{cases}$

图 2-21 就是所要画的函数图象.

(2) $y = |x+1| + |x-1| = \begin{cases} -2x, & x \leqslant -1, \\ 2, & -1 < x < 1, \\ 2x, & x \geqslant 1. \end{cases}$

图 2-22 就是所要画的函数图象.

(3) $y = |x^2 - 2x - 3| = \begin{cases} x^2 - 2x - 3, & x^2 - 2x - 3 \geqslant 0, \\ -x^2 + 2x + 3, & x^2 - 2x - 3 < 0 \end{cases}$

$= \begin{cases} x^2 - 2x - 3, & x \leqslant -1 \text{ 或 } x \geqslant 3, \\ -x^2 + 2x + 3, & -1 < x < 3. \end{cases}$

图 2-23 就是所要画的函数图象.

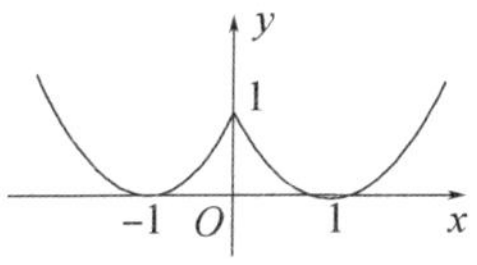

图 2-21

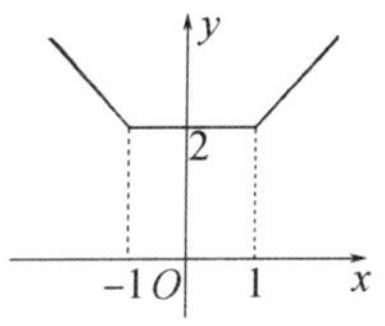

图 2-22

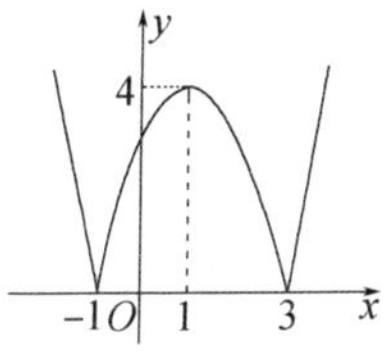

图 2-23

分段函数作图法是画含有绝对值的函数的图象的常规之法.

习题 2.9

1. 选择题：

(1) 不等式 $|1 - 2x| < 3$ 的解是　　　　　　　　　　　　　　　　（　　）

A. $x < 1$　　　　B. $-1 < x < 2$　　　　C. $x > 2$　　　　D. $x < -1$ 或 $x > 2$

(2)对任何实数 x,若不等式 $|x+1|-|x-2|>k$ 恒成立,则实数 k 的取值范围为 ( )

A. $k<3$　　B. $k<-3$　　C. $k\leqslant 3$　　D. $k\leqslant -3$

2. 已知不等式 $|x-2|<a(a>0)$ 的解是 $-1<x<b$,则 $a+2b=$ ________.

3. 解下列不等式:

(1) $|x-1|>3$;　　(2) $|x+3|+|x-2|<7$;

(3) $|3x-4|>1+2x$;　　(4) $|x-1|>|2x-3|$.

4. 作出下列各函数的图象:

(1) $y=1-|2x+1|$;　　(2) $y=|2x-1|+|2x+1|$;

(3) $y=|x|+|x-1|+|x-2|$.

5. 数轴上有 A,B,C 三个点,它们的坐标分别为 $-1,2,5$,在数轴上找一点 M,使它到 A,B,C 三点的距离之和最小.

第十节　高中视角下的高次不等式的解法

求解高次不等式 $a_0x^n+a_1x^{n-1}+a_2x^{n-2}+\cdots+a_n>0$(或 <0)($a_0>0$) 的解题方法如下:

(1)将不等式化为 $(x-x_1)(x-x_2)(x-x_3)\cdots(x-x_n)>0$(或 <0) 的形式,为了统一方便,将各因式中 x 的系数化"+".

(2)求根并将根按从小到大的顺序在数轴上从左到右表示出来,同时注意"≤或≥"标根时,分子实心,分母空心.

(3)从右上方穿线,即从右向左、从上往下经过数轴上表示各根的点,但是需要注意看 x 的次数:偶次根穿而不过,奇次根一穿而过,也即"奇穿偶不穿"(见图 2-24).

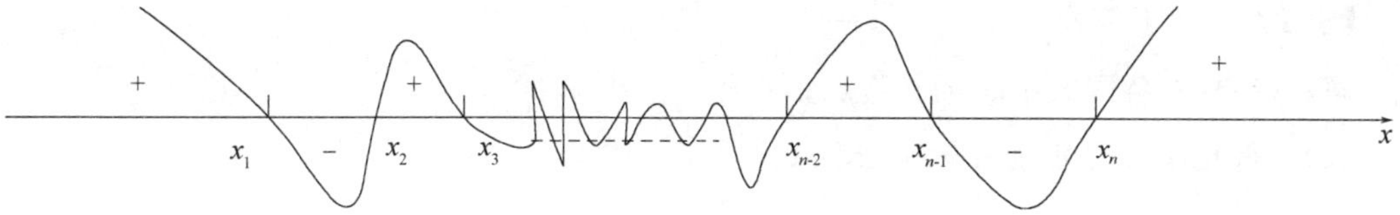

图 2-24

(4)若不等式(x 的系数化“+”后)是“>0”，则找“线”在 x 轴上方的区间；若不等式是“<0”，则找“线”在 x 轴下方的区间，从而得到所求不等式的解集.

此方法称为“数轴标根法”，也叫“穿根法”，解题步骤可简记为：正化，求根，标轴，穿线(奇过偶不过)，定解.

用“穿根法”解不等式时应注意：

①各一次项中 x 的系数必须为正；

②对于偶次或奇次重根的解法，可转化为不含重根的不等式，也可直接用“穿根法”，但要注意“奇穿偶不穿”.

【例 1】　解不等式：$(x-1)(x+4)<0$.

解法一：因为 $(x-1)(x+4)<0 \Leftrightarrow \begin{cases} x-1>0, \\ x+4<0 \end{cases}$ 或 $\begin{cases} x-1<0, \\ x+4>0, \end{cases}$

解得 $x \in \varnothing$ 或 $-4<x<1 \Leftrightarrow -4<x<1$,

所以原不等式的解集是 $\{x \mid -4<x<1\}$.

说明：由乘法运算的符号法则可知，若原不等式成立，则左边两个因式必须异号，所以原不等式的解集是不等式组 $\begin{cases} x-1>0, \\ x+4<0 \end{cases}$ 与 $\begin{cases} x-1<0, \\ x+4>0 \end{cases}$ 的解集的并集. 由于不等式的解与相应方程的根有关系，因此求其根并由相应的函数值的符号表示出来，即可求出不等式的解集.

解法二：(1)求根：令 $(x-1)(x+4)=0$，解得 x(从小到大排列) 分别为 $-4,1$，这两个根将 x 轴分为三部分：$(-\infty,-4)$，$(-4,1)$，$(1,+\infty)$.

(2)列表分析这三部分中原不等式左边各因式的符号：

	$(-\infty,-4)$	$(-4,1)$	$(1,+\infty)$
$x+4$	$-$	$+$	$+$
$x-1$	$-$	$-$	$+$
$(x-1)(x+4)$	$+$	$-$	$+$

(3)由上表可知，原不等式的解集是 $\{x \mid -4<x<1\}$.

【例 2】 解不等式：$(x-1)(x+2)(x-3)>0$.

解：(1)检查各因式中 x 的符号均正；

(2)求得相应方程的根为-2，1，3；

(3)列表如下：

	$(-\infty,-2)$	$(-2,1)$	$(1,3)$	$(3,+\infty)$
$x+2$	$-$	$+$	$+$	$+$
$x-1$	$-$	$-$	$+$	$+$
$x-3$	$-$	$-$	$-$	$+$
各因式积	$-$	$+$	$-$	$+$

(4)由上表可知，原不等式的解集为 $\{x\mid -2<x<1$ 或 $x>3\}$.

【例 3】 解不等式：$(x-2)^2(x-3)^3(x+1)<0$.

解：(1)检查各因式中 x 的符号均正；

(2)求得相应方程的根为-1，2，3(注意：2 是二重根，3 是三重根)；

(3)在数轴上表示各根并穿线，每个根穿一次(自右上方开始)，如图 2-25 所示；

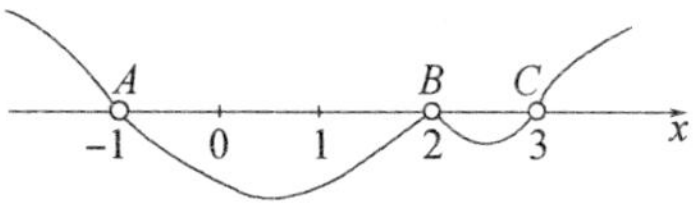

图 2-25

(4)所以原不等式的解集为 $\{x\mid -1<x<2$ 或 $2<x<3\}$.

说明：因为3是三重根，所以在C处穿三次；因为2是二重根，所以在B处穿两次，结果相当于没穿. 由此可看出，当 $f(x)$ 有相同因式$(x-x_1)^n$ 时，若 n 为奇数，则曲线在 x_1 点处穿过数轴；若 n 为偶数，则曲线在 x_1 点处不穿过数轴. 可归纳为"奇穿偶不穿".

【例 4】 求不等式 $x^3-3x^2-6x+8>0$ 的解集.

解：将原不等式因式分解为$(x+2)(x-1)(x-4)>0$.

由方程$(x+2)(x-1)(x-4)=0$，解得 $x_1=-2$，$x_2=1$，$x_3=4$，将这三个根按从小到大的顺序在数轴上标出来，如图 2-26 所示.

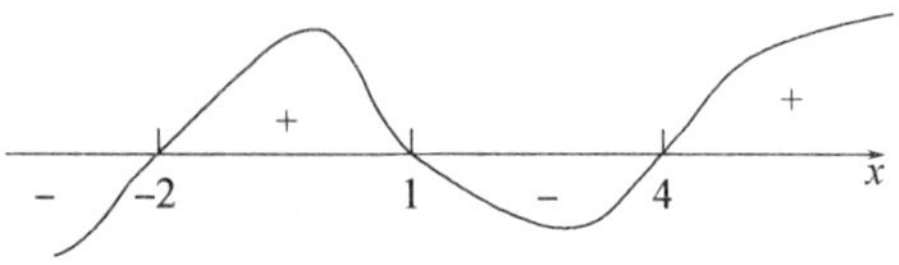

图 2-26

由图可看出，原不等式的解集为$\{x \mid -2 < x < 1$ 或 $x > 4\}$.

【例 5】 解关于 x 的不等式：$(x - x^2 + 12)(x + a) < 0$.

解：将二次项系数化正，可得$(x^2 - x - 12)(x + a) > 0$，即$(x - 4)(x + 3)(x + a) > 0$.

方程$(x - 4)(x + 3)(x + a) = 0$ 的根为 $-3, 4, -a$. 下面对方程根的大小进行讨论.

(1) 当 $-a > 4$，即 $a < -4$ 时，各根在数轴上的分布及穿线如图 2-27 所示.

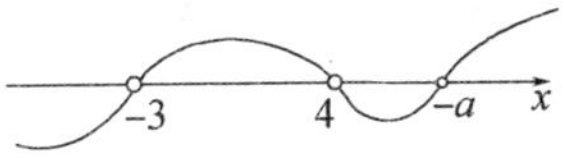

图 2-27

此时，不等式的解集为$\{x \mid -3 < x < 4$ 或 $x > -a\}$.

(2) 当 $-3 < -a < 4$，即 $-4 < a < 3$ 时，各根在数轴上的分布及穿线如图 2-28 所示.

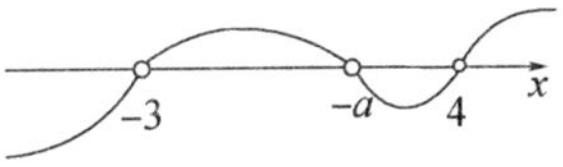

图 2-28

此时，不等式的解集为$\{x \mid -3 < x < -a$ 或 $x > 4\}$.

(3) 当 $-a < -3$，即 $a > 3$ 时，各根在数轴上的分布及穿线如图 2-29 所示.

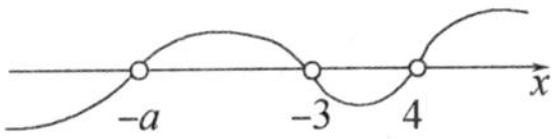

图 2-29

此时，不等式的解集为$\{x \mid -a < x < -3$ 或 $x > 4\}$.

(4) 当 $-a = 4$，即 $a = -4$ 时，各根在数轴上的分布及穿线如图 2-30 所示.

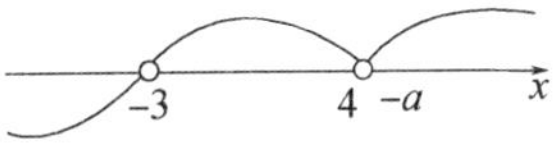

图 2-30

此时，不等式的解集为$\{x \mid x > -3$ 且 $x \neq 4\}$.

(5) 当 $-a = -3$，即 $a = 3$ 时，各根在数轴上的分布及穿线如图 2-31 所示.

图 2-31

此时，不等式的解集为$\{x \mid x > 4\}$.

说明： 本题虽然是一元三次不等式的求解问题，但是该一元三次不等式通过因式分解可以转化成形如$a(x-b)(x-c)(x-d)$的形式，利用数轴，通过对三个根的大小进行分类讨论，可对不等式进行求解.

习题 2.10

解下列高次不等式：

(1)$x(x-3)(2-x)(x+1) > 0$；

(2)$(x+4)(x+5)^2(2-x)^3 < 0$；

(3)$(x-3)(x+1)(x^2+4x+4) \leqslant 0$；

(4)$2x^3-x^2-15x > 0$.

第十一节　高中视角下的简单分式不等式的解法

在初中我们已经学习过分式的概念：形如$\dfrac{A}{B}$的式子，若B中含有字母，则$B \neq 0$. 当$M \neq 0$时，分式$\dfrac{A}{B}$具有下列性质：$\dfrac{A}{B}=\dfrac{A \times M}{B \times M}$；$\dfrac{A}{B}=\dfrac{A \div M}{B \div M}$. 同时，还学习了解分式方程的基本思想是把分式方程转化为整式方程，但必须注意的是，要检验求得的解是否为原方程的根，以及是否符合题意. 分式方程的命题中一般渗透不等式、恒等变形、因式分解等知识，要学会根据方程的结构特点，用特殊方法解分式方程.

简单分式不等式的解法，是高中数学不等式学习中的一个基本内容. 将一个不等式通过同解变形转化为熟悉的不等式是解分式不等式的一个重要方法.

由不等式的性质易知：不等式两边同乘以正数，不等号的方向不变；不等式两边同乘以负数，不等号的方向要变. 若分母中有未知数x，不等式两边同乘以一个含x的式子，它的正负不知，不等号的方向无法确定，无从解起，若讨论分母的正负也可以求解，但太复杂. 因此，解分式不等式，切忌去分母.

前面讲了一些不等式的求解，但都是将不等式的一边化为0，另一边化为含 x 的多项式．把一个分式不等式经过移项和通分处理，最终总能化为 $\frac{f(x)}{g(x)}<0$（或>0，$\leqslant 0$，$\geqslant 0$）的形式，再按如下方式转化为整式不等式即可求解：

(1) $\frac{f(x)}{g(x)}>0$(或 <0)$\Leftrightarrow f(x)g(x)>0$(或 <0)；

(2) $\frac{f(x)}{g(x)}\geqslant 0$(或 $\leqslant 0$)$\Leftrightarrow\begin{cases}f(x)g(x)\geqslant 0(\text{或}\leqslant 0),\\ g(x)\neq 0.\end{cases}$

因此，解简单的分式不等式的方法为：移项，通分，右边化为0，化为整式不等式（注意分母不为0）．

【例 1】　解不等式：$\frac{x-3}{x+7}<0$.

解法一：将原不等式化为不等式组来解.

因为$\frac{x-3}{x+7}<0\Leftrightarrow\begin{cases}x-3>0,\\ x+7<0\end{cases}$或$\begin{cases}x-3<0,\\ x+7>0\end{cases}\Leftrightarrow x\in\varnothing$ 或 $-7<x<3\Leftrightarrow -7<x<3$，

所以原不等式的解集是$\{x|-7<x<3\}$.

解法二：将原不等式化为二次不等式来解.

因为$\frac{x-3}{x+7}<0\Leftrightarrow(x-3)(x+7)<0\Leftrightarrow -7<x<3$，

所以原不等式的解集是$\{x|-7<x<3\}$.

说明：若本题带“=”，即$(x-3)(x+7)\leqslant 0$，则不等式的解集中应注意 $x\neq -7$ 的条件，解集应是$\{x|-7<x\leqslant 3\}$.

【例 2】　解不等式：$\frac{x+1}{3x-2}>2$.

解法一：化分式不等式为一元一次不等式组.

因为$\frac{x+1}{3x-2}>2\Leftrightarrow\frac{x+1}{3x-2}-2>0\Leftrightarrow\frac{-5(x-1)}{3x-2}>0\Leftrightarrow\frac{x-1}{3x-2}<0\Leftrightarrow\begin{cases}x-1<0,\\ 3x-2>0\end{cases}$或

$\begin{cases}x-1>0,\\ 3x-2<0\end{cases}\Leftrightarrow\begin{cases}x<1,\\ x>\frac{2}{3}\end{cases}$或$\begin{cases}x>1,\\ x<\frac{2}{3}\end{cases}\Leftrightarrow\frac{2}{3}<x<1$ 或 x 不存在，

所以原不等式的解集为$\left(\frac{2}{3},1\right)$.

解法二：利用两个数的商与积同号$\left(\frac{a}{b}>0\Leftrightarrow ab>0,\frac{a}{b}<0\Leftrightarrow ab<0\right)$化为一元二次不等式.

因为$\frac{x+1}{3x-2}>2\Leftrightarrow\frac{x+1}{3x-2}-2>0\Leftrightarrow\frac{-5(x-1)}{3x-2}>0\Leftrightarrow\frac{x-1}{3x-2}<0\Leftrightarrow(3x-2)(x-1)$ $<0\Leftrightarrow\frac{2}{3}<x<1$，

所以原不等式的解集为$\left(\frac{2}{3},1\right)$.

由例 2 我们可以得到分式不等式的求解通法：

(1)不要轻易去分母，可以移项、通分，使得不等号的右边为零；

(2)利用两个数的商与积同号，化为一元二次不等式求解.

解不等式中的每一步往往要求“等价”，即同解变形，否则所得的解集或“增”或“漏”. 由于不等式的解集常为无限集，所以很难像解无理方程那样，对解进行检验，因此同解变形就显得尤为重要.

【例 3】 解不等式：$\frac{x^2-3x+2}{x^2-2x-3}\leqslant 0$.

解法一：化为不等式组来解，此法较繁，此处不再给出具体过程.

解法二：因为$\frac{x^2-3x+2}{x^2-2x-3}\leqslant 0\Leftrightarrow\begin{cases}(x^2-3x+2)(x^2-2x-3)\leqslant 0,\\ x^2-2x-3\neq 0,\end{cases}$

即$\begin{cases}(x-1)(x-2)(x-3)(x+1)\leqslant 0,\\ (x-3)(x+1)\neq 0,\end{cases}$

所以原不等式的解集为$\{x|-1<x\leqslant 1$ 或 $2\leqslant x<3\}$.

【例 4】 解关于 x 的不等式：$\frac{a(x-1)}{x-2}>1(a\neq 1)$.

解：原不等式通过移项、通分可化为$\frac{(a-1)x-(a-2)}{x-2}>0$，由于 $a\neq 1$，所以可以进一步将其化为$\frac{(a-1)\left(x-\frac{a-2}{a-1}\right)}{x-2}>0$，其对应方程的两个根分别为$\frac{a-2}{a-1}$和 2.

当 $a>1$ 时，解集为两个根的两边，显然有$\frac{a-2}{a-1}<2$，所以此时原不等式的解集为$\left(-\infty,\frac{a-2}{a-1}\right)\cup(2,+\infty)$.

当 $a<1$ 时，解集为两个根的中间，此时必须根据 a 的取值判断两个根的范围.

①当 $0<a<1$ 时，$\frac{a-2}{a-1}>2$，此时原不等式的解集为$\left(2,\frac{a-2}{a-1}\right)$；

②当 $a=0$ 时，$\frac{a-2}{a-1}=2$，此时原不等式的解集为 $\varnothing$；

③当 $a<0$ 时，$\frac{a-2}{a-1}<2$，此时原不等式的解集为 $\left(\frac{a-2}{a-1},2\right)$.

至此，a 的所有值都讨论完毕，所以这道题的讨论到这里就结束了.

当然，如果这道题不给 $a\neq 1$ 的限制条件，还需要再讨论一下 $a=1$ 时的解集情况.

【例 5】 (1)试证：$\frac{1}{n(n+1)}=\frac{1}{n}-\frac{1}{n+1}$(其中 n 是正整数)；

(2)计算：$\frac{1}{1\times 2}+\frac{1}{2\times 3}+\cdots+\frac{1}{9\times 10}$；

(3)证明：对任意大于 1 的正整数 n，有 $\frac{1}{2\times 3}+\frac{1}{3\times 4}+\cdots+\frac{1}{n(n+1)}<\frac{1}{2}$.

(1)**证明**：因为 $\frac{1}{n}-\frac{1}{n+1}=\frac{(n+1)-n}{n(n+1)}=\frac{1}{n(n+1)}$，

所以 $\frac{1}{n(n+1)}=\frac{1}{n}-\frac{1}{n+1}$(其中 n 是正整数) 成立.

(2)**解**：由(1)可知

$$\begin{aligned}\frac{1}{1\times 2}+\frac{1}{2\times 3}+\cdots+\frac{1}{9\times 10}&=\left(1-\frac{1}{2}\right)+\left(\frac{1}{2}-\frac{1}{3}\right)+\cdots+\left(\frac{1}{9}-\frac{1}{10}\right)\\&=1-\frac{1}{10}=\frac{9}{10}.\end{aligned}$$

(3)**证明**：因为
$$\begin{aligned}&\frac{1}{2\times 3}+\frac{1}{3\times 4}+\cdots+\frac{1}{n(n+1)}\\&=\left(\frac{1}{2}-\frac{1}{3}\right)+\left(\frac{1}{3}-\frac{1}{4}\right)+\cdots+\left(\frac{1}{n}-\frac{1}{n+1}\right)\\&=\frac{1}{2}-\frac{1}{n+1},\end{aligned}$$

又因为 $n\geqslant 2$，且 n 是正整数，

所以 $\frac{1}{2}-\frac{1}{n+1}$ 一定为正数，

所以 $\frac{1}{2\times 3}+\frac{1}{3\times 4}+\cdots+\frac{1}{n(n+1)}<\frac{1}{2}$.

通过上面例题的解题过程，我们不难发现，有时把一个数列的通项公式分成两项差的形式，相加过程中消去中间项，只剩有限项后就会便于求和或证明有关结论.

习题 2.11

1. 选择题：

(1)不等式 $x+\frac{2}{x-1}>-2$ 的解集是　　(　　)

A. $(-1,1)$　　B. $(-1,0)\cup(1,+\infty)$

C. $(0,1)$　　D. $(-1,1)\cup(1,+\infty)$

(2)不等式 $\dfrac{x^2-2x-2}{x^2+x+1}<2$ 的解集为　　(　　)

A. $\{x\mid x\neq -2\}$　　B. $\mathbf{R}$　　C. $\varnothing$　　D. $\{x\mid x<-2$ 或 $x>2\}$

2. 解下列不等式：

(1) $\dfrac{x+1}{x-1}\geqslant 0$；　　(2) $\dfrac{3x+1}{2x-1}<2$；

(3) $\dfrac{2}{x}>-1$；　　(4) $\dfrac{2x^2-x+1}{2x+1}>0$.

3. 解下列不等式：

(1) $\dfrac{x^2-4x+1}{3x^2-7x+2}\leqslant 1$；　　(2) $\dfrac{2x-8}{x^2-x-6}\leqslant 1$.

4. 解不等式：$\dfrac{2-4x}{x^2-3x+2}\geqslant x+1$.

5. 若不等式$\dfrac{2x^2+2kx+k}{4x^2+6x+3}<1$ 对于 x 取任何实数均成立，求 k 的取值范围.

6. 计算：$\dfrac{1}{1\times 2}+\dfrac{1}{2\times 3}+\dfrac{1}{3\times 4}+\cdots+\dfrac{1}{99\times 100}$.

7. 试证：对任意的正整数 n，有$\dfrac{1}{1\times 2\times 3}+\dfrac{1}{2\times 3\times 4}+\cdots+\dfrac{1}{n(n+1)(n+2)}<\dfrac{1}{4}$.

第十二节　高中视角下的二次根式化简与分数指数幂

我们在初中已学习过，形如$\sqrt{a}(a\geqslant 0)$的代数式叫作二次根式. 根号下含有字母且开方开不尽的式子称为无理式.

例如，$3a+\sqrt{a^2+b}+2b$，$\sqrt{a^2+b^2}$等都是无理式，而$\sqrt{2}x^2+\frac{\sqrt{2}}{2}x+1$，$x^2+\sqrt{2}xy+y^2$，$\sqrt{a^2}$等都是有理式.

二次根式$\sqrt{a^2}$的意义：$\sqrt{a^2}=|a|=\begin{cases}a, & a\geqslant 0,\\ -a, & a<0.\end{cases}$

把分母(子)中的根号化去，叫作分母(子)有理化. 分母有理化是分母和分子都乘以分母的有理化因式，化去分母中的根号的过程；而分子有理化则是分母和分子都乘以分子的有理化因式，化去分子中的根号的过程，从而达到对根式化简的目的.

在二次根式的化简与运算过程中，二次根式的乘法可参照多项式的乘法进行，运算中要运用公式$\sqrt{a}\sqrt{b}=\sqrt{ab}(a\geqslant 0,b\geqslant 0)$；而对于二次根式的除法，通常先写成分式的形式，然后通过分母有理化进行运算；二次根式的加减法与多项式的加减法类似，应在化简的基础上去括号与合并同类二次根式.

【例 1】　将下列式子化为最简二次根式：

(1) $\sqrt{12b}$；　(2) $\sqrt{a^2b}(a\geqslant 0)$；　(3) $\sqrt{4x^6y}(x<0)$.

解：(1) $\sqrt{12b}=2\sqrt{3b}$.

(2) $\sqrt{a^2b}=|a|\sqrt{b}=a\sqrt{b}(a\geqslant 0)$.

(3) $\sqrt{4x^6y}=2|x^3|\sqrt{y}=-2x^3\sqrt{y}(x<0)$.

【例 2】　计算：$\sqrt{3}\div(3-\sqrt{3})$.

解：
$$\sqrt{3}\div(3-\sqrt{3})=\frac{\sqrt{3}}{3-\sqrt{3}}=\frac{\sqrt{3}\cdot(3+\sqrt{3})}{(3-\sqrt{3})(3+\sqrt{3})}$$
$$=\frac{3\sqrt{3}+3}{9-3}=\frac{3(\sqrt{3}+1)}{6}$$
$$=\frac{\sqrt{3}+1}{2}.$$

【例 3】　化简：$(\sqrt{3}+\sqrt{2})^{2004}\cdot(\sqrt{3}-\sqrt{2})^{2005}$.

解：$(\sqrt{3}+\sqrt{2})^{2004}\cdot(\sqrt{3}-\sqrt{2})^{2005}$

$=(\sqrt{3}+\sqrt{2})^{2004}\cdot(\sqrt{3}-\sqrt{2})^{2004}\cdot(\sqrt{3}-\sqrt{2})$

$=[(\sqrt{3}+\sqrt{2})\cdot(\sqrt{3}-\sqrt{2})]^{2004}\cdot(\sqrt{3}-\sqrt{2})$

$=1^{2004}\cdot(\sqrt{3}-\sqrt{2})$

$=\sqrt{3}-\sqrt{2}.$

【例 4】 化简下列式子：

(1) $\sqrt{9-4\sqrt{5}}$；　　(2) $\sqrt{x^2+\frac{1}{x^2}-2}\,(0<x<1)$.

解：(1)原式 $=\sqrt{5-4\sqrt{5}+4}=\sqrt{(\sqrt{5})^2-2\times2\times\sqrt{5}+2^2}$

$=\sqrt{(2-\sqrt{5})^2}=|2-\sqrt{5}|=\sqrt{5}-2.$

(2)原式 $=\sqrt{\left(x-\frac{1}{x}\right)^2}=\left|x-\frac{1}{x}\right|$,

因为 $0<x<1$，所以 $\frac{1}{x}>1>x$,

所以原式 $=\frac{1}{x}-x$.

【例 5】 已知 $x=\frac{\sqrt{3}-\sqrt{2}}{\sqrt{3}+\sqrt{2}}$, $y=\frac{\sqrt{3}+\sqrt{2}}{\sqrt{3}-\sqrt{2}}$，求 $3x^2-5xy+3y^2$ 的值.

解：因为 $x+y=\frac{\sqrt{3}-\sqrt{2}}{\sqrt{3}+\sqrt{2}}+\frac{\sqrt{3}+\sqrt{2}}{\sqrt{3}-\sqrt{2}}=(\sqrt{3}-\sqrt{2})^2+(\sqrt{3}+\sqrt{2})^2=10$,

$xy=\frac{\sqrt{3}-\sqrt{2}}{\sqrt{3}+\sqrt{2}}\cdot\frac{\sqrt{3}+\sqrt{2}}{\sqrt{3}-\sqrt{2}}=1$,

所以 $3x^2-5xy+3y^2=3(x+y)^2-11xy=3\times10^2-11=289$.

我们已经熟悉了平方根、立方根的概念，由此可归纳出一般 n 次方根的定义：若 $x^n=a$ $(n>1$ 且 $n\in\mathbf{N}^*)$，则 x 叫作 a 的 n 次方根.

给出 n 次方根的定义后，我们考虑这样一个问题：x 如何用 a 表示呢？类比平方根和立方根的表达，可以得到 $x=\begin{cases}\sqrt[n]{a}, & n=2k+1,\\ \pm\sqrt[n]{a}, & n=2k\end{cases}$ $(k\in\mathbf{N}^*)$，其中 $\sqrt[n]{a}$ 叫作根式，n 叫作根指数，a 叫作被开方数.

其实，根式是 n 次方根的一种表示形式，且由 n 次方根的定义，我们可以得到根式的运算性质.

(1) $(\sqrt[n]{a})^n=a$；

(2) $\sqrt[n]{a^n}=\begin{cases}a, & n\text{为奇数};\\ |a|, & n\text{为偶数}.\end{cases}$

我们再一起复习一下整数指数幂的运算性质：

当 $m,n\in\mathbf{Z}$ 时，

(1)$a^m\cdot a^n=a^{m+n}$；

(2)$(a^m)^n=a^{m\cdot n}$；

(3)$(a\cdot b)^n=a^n\cdot b^n$.

对于整数指数幂的运算性质，当 $a>0,m,n$ 是分数时也成立. 对于根式的运算性质，要注意到 a^n 的幂指数 n 与根式的根指数 n 的一致性. 因此，我们可以得出正分数指数幂的意义：$a^{\frac{m}{n}}=\sqrt[n]{a^m}(a>0,m,n\in\mathbf{N}^*$，且 $n>1)$. 它不表示相同因式的乘积，而是根式的一种新的写法.

另外，我们还要对正数的负分数指数幂和 0 的分数指数幂作如下规定：

(1)$a^{-\frac{m}{n}}=\dfrac{1}{a^{\frac{m}{n}}}(a>0,m,n\in\mathbf{N}^*$，且 $n>1)$；

(2)0 的正分数指数幂等于 0；

(3)0 的负分数指数幂无意义.

【例 6】　用分数指数幂的形式表示下列各式(式中 $a>0$)：

(1)$a^2\cdot\sqrt{a}$；　　(2)$a^3\cdot\sqrt[3]{a^2}$；　　(3) $\sqrt{a\sqrt{a}}$.

解：(1)$a^2\cdot\sqrt{a}=a^2\cdot a^{\frac{1}{2}}=a^{2+\frac{1}{2}}=a^{\frac{5}{2}}$.

(2)$a^3\cdot\sqrt[3]{a^2}=a^3\cdot a^{\frac{2}{3}}=a^{3+\frac{2}{3}}=a^{\frac{11}{3}}$.

(3) $\sqrt{a\sqrt{a}}=(a\cdot a^{\frac{1}{2}})^{\frac{1}{2}}=(a^{\frac{3}{2}})^{\frac{1}{2}}=a^{\frac{3}{4}}$.

规定了分数指数幂的意义以后，指数的概念就从整数推广到了有理数. 当 $a>0$ 时，整数指数幂的运算性质对于有理数指数幂也同样适用. 即对于任意有理数 r,s，均有下面的运算性质：

(1)$a^r\cdot a^s=a^{r+s}(a>0,r,s\in\mathbf{Q})$；

(2)$(a^r)^s=a^{r\cdot s}(a>0,r,s\in\mathbf{Q})$；

(3)$(a\cdot b)^r=a^r\cdot b^r(a>0,b>0,r\in\mathbf{Q})$.

若 $a>0,p$ 是一个无理数，则 a^p 表示一个确定的实数. 上述有理数指数幂的运算性质，对于无理数指数幂也适用，这为学习指数函数包括指数函数的运算做了很好的铺垫.

【例 7】　求下列各式的值：

(1) $\sqrt[5]{-32}$；　　(2) $\sqrt{(-3)^4}$；

(3) $\sqrt{(\sqrt{2}-\sqrt{3})^2}$；　　(4) $\sqrt{5-2\sqrt{6}}$.

解：(1) $\sqrt[5]{-32}=\sqrt[5]{(-2)^5}=-2$.

(2) $\sqrt{(-3)^4}=\sqrt{(-3^2)^2}=(-3)^2=9$.

(3) $\sqrt{(\sqrt{2}-\sqrt{3})^2}=\left|\sqrt{2}-\sqrt{3}\right|=\sqrt{3}-\sqrt{2}$.

(4) $\sqrt{5-2\sqrt{6}}=\sqrt{(\sqrt{2})^2-2\sqrt{2}\cdot\sqrt{3}+(\sqrt{3})^2}=\sqrt{(\sqrt{2}-\sqrt{3})^2}$

$=\left|\sqrt{2}-\sqrt{3}\right|=\sqrt{3}-\sqrt{2}$.

根指数 n 为偶数的运算，应引起大家的注意. 大家可通过下面的习题进一步熟悉根式性质的运用.

习题 2.12

1. 填空题：

(1) $\dfrac{1-\sqrt{3}}{1+\sqrt{3}}=$________.

(2) 若 $\sqrt{(5-x)(x-3)^2}=(x-3)\sqrt{5-x}$,则 x 的取值范围是________.

2. 等式 $\sqrt{\dfrac{x}{x-2}}=\dfrac{\sqrt{x}}{\sqrt{x-2}}$ 成立的条件是　　(　　)

A. $x\neq 2$　　B. $x>0$　　C. $x>2$　　D. $0<x<2$

3. 比较大小：$2-\sqrt{3}$________$\sqrt{5}-\sqrt{4}$.（填“$>$”或“$<$”）

4. 用分数指数幂表示下列各式：

(1) $\sqrt[3]{x^2}$；　　(2) $\sqrt[4]{(a+b)^3}(a+b>0)$；

(3) $\sqrt[3]{(m-n)^2}$；　　(4) $\sqrt{(m-n)^4}(m>n)$；

(5) $\sqrt{p^6\cdot q^5}(p>0)$；　　(6) $\dfrac{m^3}{\sqrt{m}}$.

5. 求下列各式的值：

(1) $\sqrt[3]{-27}$；　　(2) $\sqrt{(\pi-4)^2}$；

(3) $\sqrt{a^6}$；　　(4) $\sqrt{\left(\dfrac{x-1}{3-x}\right)^2}$.

6. 求下列各式的值：

(1) $25^{\frac{3}{2}}$；　　(2) $27^{\frac{2}{3}}$；

(3) $\left(\dfrac{36}{49}\right)^{\frac{3}{2}}$；　　(4) $\left(\dfrac{25}{4}\right)^{-\frac{3}{2}}$；

(5) $\sqrt[4]{81\times\sqrt{9^{\frac{2}{3}}}}$；　　(6) $2\sqrt{3}\times\sqrt[3]{1.5}\times\sqrt[6]{12}$.

第十三节　高中视角下的函数图象变换

函数的图象是函数中重要的内容，要能根据题设条件探讨函数的一些性质，如定义域、值域以及单调性等，从而对函数图象的轮廓有一个大致的认识；反过来，也要能根据题目给出的图象分析出函数的各种性质，解决函数问题．在高中，不仅要关注函数图象变换后图形的变化，更要关注函数解析式的变化．图象问题是高考的必考对象，在选择和填空题型中常常出现．

一般函数图象的作图方法有描点法和利用基本函数图象变换作图；常见的图象变换有三种：平移变换、对称变换和伸缩变换．现在我们先学习前两种变换．

一、平移变换

在对二次函数的图象进行平移变换时，具有如下特点：只改变函数图象的位置，不改变其形状．因此，在研究二次函数的图象平移问题时，只需利用二次函数图象的顶点式研究其顶点的位置即可．对于一般函数 $y=f(x)$，我们可以得到如下关系：

(1)水平平移:①$y=f(x)\xrightarrow{\text{左移}h}y=f(x+h)$;②$y=f(x)\xrightarrow{\text{右移}h}y=f(x-h)$.

(2)竖直平移:①$y=f(x)\xrightarrow{\text{上移}h}y=f(x)+h$;②$y=f(x)\xrightarrow{\text{下移}h}y=f(x)-h$.

二、对称变换

在把函数 $y=f(x)$ 的图象关于与坐标轴平行的直线进行对称变换时,具有如下关系:

(1)$y=f(x)\xrightarrow{\text{关于}x\text{轴对称}}y=-f(x)$.

(2)$y=f(x)\xrightarrow{\text{关于}y\text{轴对称}}y=f(-x)$.

(3)翻折变换:① 函数 $y=|f(x)|$ 的图象可以将函数 $y=f(x)$ 的图象[见图 2-32(a)]的 x 轴下方部分沿 x 轴翻折到 x 轴上方,去掉原 x 轴下方部分,并保留 $y=f(x)$ 的 x 轴上方部分即可得到[见图 2-32(b)];

② 函数 $y=f(|x|)$ 的图象可以将函数 $y=f(x)$ 的图象右边部分沿 y 轴翻折到 y 轴左边部分替代原 y 轴左边部分并保留 $y=f(x)$ 在 y 轴右边部分即可得到[见图 2-32(c)].

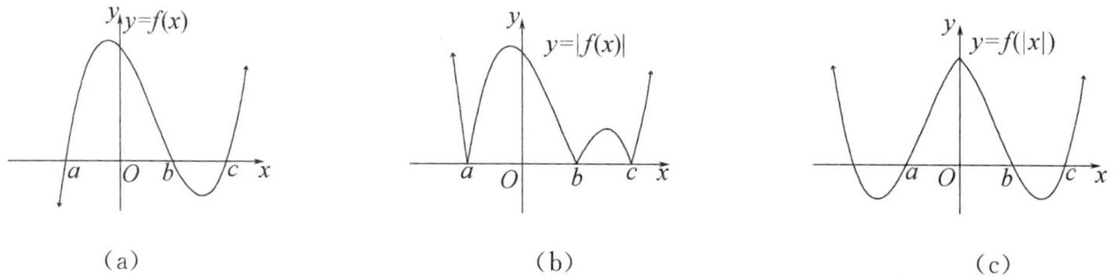

图 2-32

【例 1】 求把二次函数 $y=2x^2-4x+1$ 的图象经过下列平移变换后得到的图象所对应的函数解析式:

(1)向右平移 2 个单位,向下平移 1 个单位;

(2)向上平移 3 个单位,向左平移 2 个单位.

分析: 由于平移变换只改变函数图象的位置而不改变其形状(即不改变二次项系数),即只改变二次函数图象的顶点位置(即只改变一次项和常数项),所以首先将二次函数的解析式变形为顶点式,然后依据平移变换后的二次函数图象的顶点位置求出平移后的函数图象所对应的解析式.

解: 二次函数 $y=2x^2-4x+1$ 的解析式可变为 $y=2(x-1)^2-1$,

其顶点坐标为$(1,-1)$.

(1)把函数 $y=2(x-1)^2-1$ 的图象向右平移 2 个单位,向下平移 1 个单位后,其函数图象的顶点坐标是$(3,-2)$,所以平移后所得到的函数图象对应的函数表达式就为 y

$= 2(x-3)^2-2.$

(2)把函数 $y=2(x-1)^2-1$ 的图象向上平移3个单位，向左平移2个单位后，其函数图象的顶点坐标是 $(-1,2)$，所以平移后所得到的函数图象对应的函数表达式就为 $y=2(x+1)^2+2$.

【例2】 求把二次函数 $y=2x^2-4x+1$ 的图象关于下列直线对称后所得到的图象所对应的函数解析式：

(1)直线 $x=-1$；

(2)直线 $y=1$.

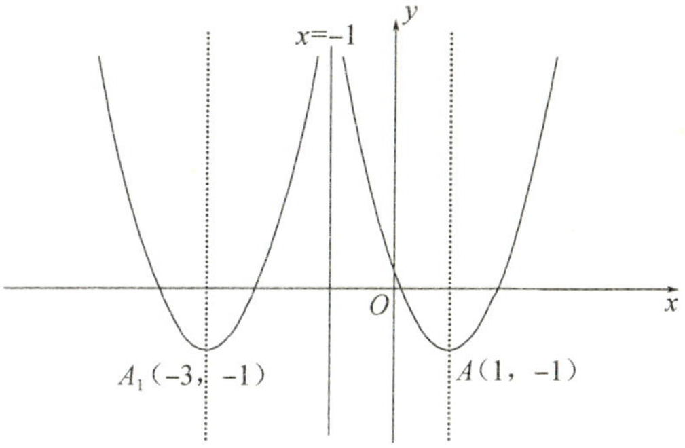

图 2-33

解：(1)如图 2-33 所示，把二次函数 $y=2x^2-4x+1$ 的图象关于直线 $x=-1$ 作对称变换后，只改变图象的顶点位置，不改变其形状.

由于 $y=2x^2-4x+1=2(x-1)^2-1$，则函数 $y=2x^2-4x+1$ 的图象的顶点为 $A(1,-1)$，

所以对称后所得到的图象的顶点为 $A_1(-3,-1)$，

所以二次函数 $y=2x^2-4x+1$ 的图象关于直线 $x=-1$ 对称后所得到的图象的函数解析式为 $y=2(x+3)^2-1$，即 $y=2x^2+12x+17$.

(2)如图 2-34 所示，把二次函数 $y=2x^2-4x+1$ 的图象关于直线 $y=1$ 作对称变换后，只改变图象的顶点位置和开口方向，不改变其形状.

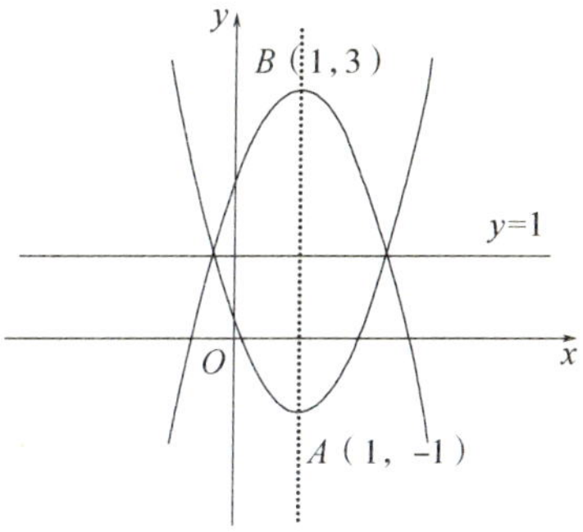

图 2-34

由于 $y=2x^2-4x+1=2(x-1)^2-1$，则函数 $y=2x^2-4x+1$ 的图象的顶点为 $A(1,-1)$，

所以对称后所得到的图象的顶点为 $B(1,3)$，且开口向下，所以二次函数 $y=2x^2-4x+1$ 的图象关于直线 $y=1$ 对称后所得到的图象的函数解析式为 $y=-2(x-1)^2+3$，即 $y=-2x^2+4x+1$.

【例3】 在同一平面直角坐标系中，函数 $y=f(x)$ 和 $y=g(x)$ 的图象关于直线 $y=x$ 对称，现将 $y=g(x)$ 的图象沿 x 轴向左平移2个单位，再沿 y 轴向上平移1个单位，所得的图象是由两条线段组成的折线(见图 2-35)，则函数 $f(x)$ 的表达式为 (　　)

A. $f(x)=\begin{cases}2x+2, & -1\leqslant x\leqslant 0,\\ \dfrac{x}{2}+2, & 0<x\leqslant 2\end{cases}$

B. $f(x)=\begin{cases}2x-2, & -1\leqslant x\leqslant 0,\\ \dfrac{x}{2}-2, & 0<x\leqslant 2\end{cases}$

C. $f(x)=\begin{cases}2x-2, & 1\leqslant x\leqslant 2,\\ \dfrac{x}{2}+1, & 2<x\leqslant 4\end{cases}$

D. $f(x)=\begin{cases}2x-6, & 1\leqslant x\leqslant 2,\\ \dfrac{x}{2}-3, & 2<x\leqslant 4\end{cases}$

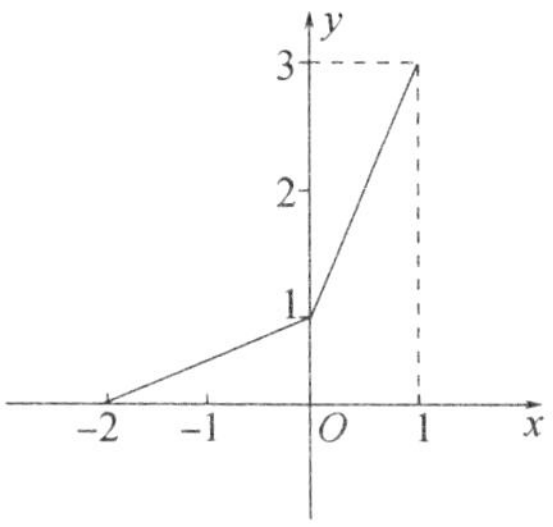

图 2-35

解：当 $x\in[-2,0]$ 时，$y=\dfrac{1}{2}x+1$，将其图象沿 x 轴向右平移 2 个单位，再沿 y 轴向下平移 1 个单位，得到的解析式为 $y=g(x)=\dfrac{1}{2}(x-2)+1-1=\dfrac{1}{2}x-1$，

所以 $f(x)=2x+2(x\in[-1,0])$；

当 $x\in[0,1]$ 时，$y=2x+1$，将其图象沿 x 轴向右平移 2 个单位，再沿 y 轴向下平移 1 个单位，得到的解析式为 $y=g(x)=2(x-2)+1-1=2x-4$，

所以 $f(x)=\dfrac{1}{2}x+2(x\in[0,2])$.

综上可得 $f(x)=\begin{cases}2x+2, & -1\leqslant x\leqslant 0,\\ \dfrac{x}{2}+2, & 0<x\leqslant 2,\end{cases}$ 故选 A.

【例 4】 作出下列各函数的图象：

(1) $y=|x^2-2x-3|$；

(2) $y=|2x-1|-1$；

(3) $y=||x|-1|$.

解：(1)先作出 $y=x^2-2x-3$ 的图象，如图 2-36 所示. 把 x 轴下方的图象翻上去，得到图 2-37. 图 2-37 就是要画的函数图象.

(2)由于图象的顶点坐标为 $\left(\dfrac{1}{2},-1\right)$，且经过 $(0,0)$，$(1,0)$ 两点，所以其图象如图 2-38所示.

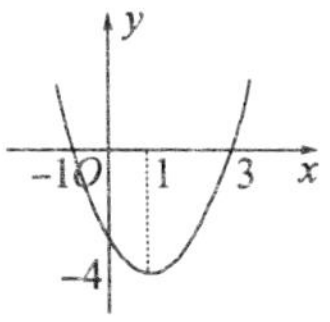

图 2-36

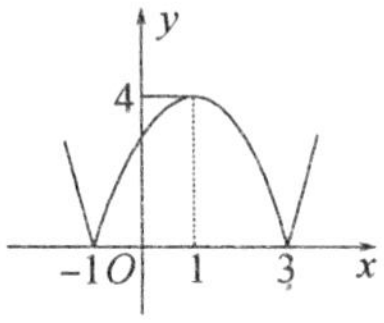

图 2-37

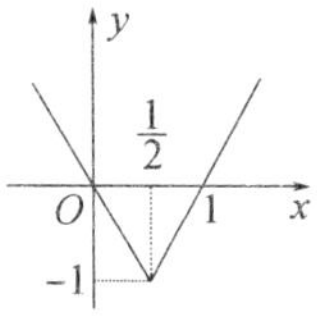

图 2-38

(3)先作出 $y=|x|-1$ 的图象，如图 2-39 所示．把 x 轴下方的图象翻上去，得到图 2-40．图 2-40 就是要画的函数图象．

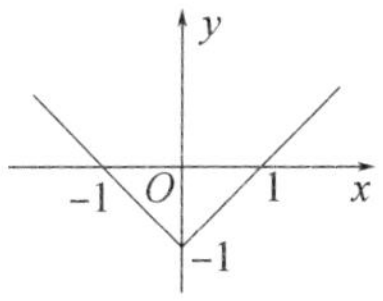

图 2-39

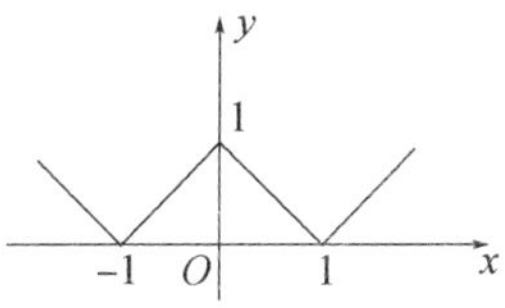

图 2-40

【例 5】　(1)要得到函数 $y=\frac{3}{x+1}+1$ 的图象,可以将函数 $y=\frac{1}{x}$ 的图象作怎样的变换?

(2)要得到函数 $y=\frac{2x+3}{x+1}$ 的图象,可以将函数 $y=\frac{1}{x}$ 的图象作怎样的变换?

(3)求函数 $y=\frac{2x+3}{x+1}$ 的图象的对称中心.

解:(1)向左平移 1 个单位,同时向上平移 1 个单位.

(2)因为函数 $y=\frac{2x+3}{x+1}$ 可以变形为 $y=\frac{1}{x+1}+2$,所以可以将函数 $y=\frac{1}{x}$ 向左平移 1 个单位,同时向上平移 2 个单位.

(3)由(2)知,函数 $y=\frac{2x+3}{x+1}$ 的对称中心是由函数 $y=\frac{1}{x}$ 的对称中心(0,0),向左平移 1 个单位,同时向上平移 2 个单位得到的,所以为(-1,2).

【例 6】　若方程 $-x^2+2|x|+3=a$ 有四个根，则 a 的取值范围是________.

解：方程 $-x^2+2|x|+3=a$ 有四个根，等价于函数 $y=a$ 的图象与函数 $y=-x^2+2|x|+3$ 的图象有四个交点．因为函数 $y=-x^2+2|x|+3$ 的图象如图 2-41 所示，所以 a 的取值范围是(3,4).

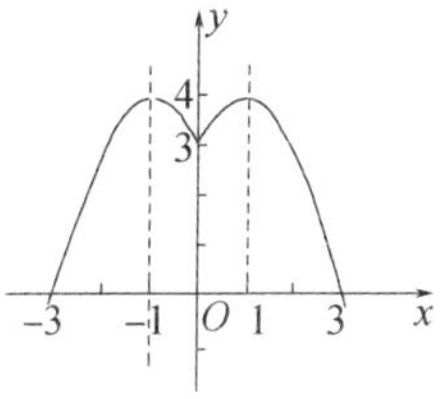

图 2-41

习题 2.13

1. 选择题：

(1)为了得到函数 $y=2x-2$ 的图象，可以把函数 $y=2x$ 的图象上所有的点（　　）

A. 向右平行移动 2 个单位　　B. 向右平行移动 1 个单位

C. 向左平行移动 2 个单位　　D. 向左平行移动 1 个单位

(2)将二次函数 $y=x^2$ 的图象沿 y 轴向下平移 h 个单位,沿 x 轴向左平移 k 个单位得到 $y=x^2-2x+3$ 的图象,则 h,k 的值分别为　　（　　）

A. -2，-1　　B. 2，-1　　C. -2，1　　D. 2，1

(3)已知函数 $f(x)=\begin{cases}x^2, & x\geqslant 0,\\ \dfrac{1}{x}, & x<0,\end{cases}$ $g(x)=-f(-x)$，则函数 $g(x)$ 的图象是（　　）

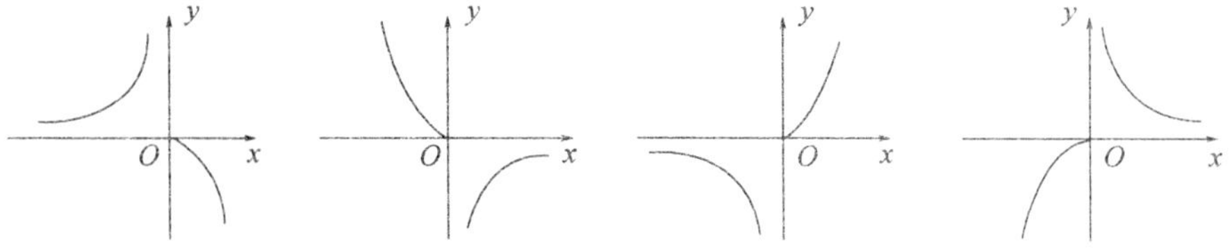

A　　B　　C　　D

(4)函数 $y=1-\dfrac{1}{x-1}$ 的图象是（　　）

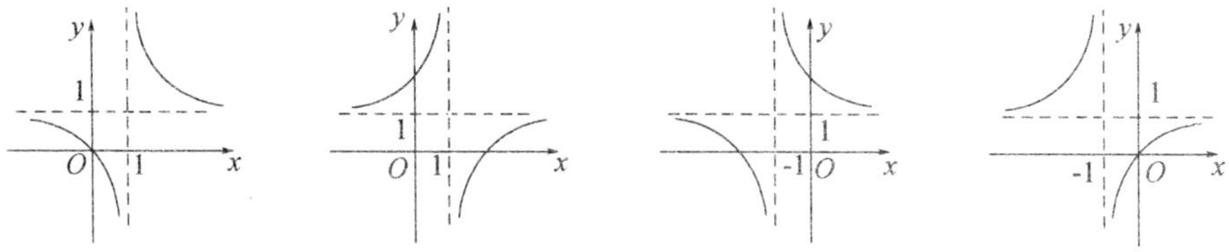

A　　B　　C　　D

(5)已知函数 $f(x)=|x^2-1|$，若 $0<a<b$ 且 $f(a)=f(b)$，则 b 的取值范围是（　　）

A. $(0,+\infty)$　　B. $(1,+\infty)$　　C. $(1,\sqrt{2})$　　D. $(1,2)$

2. 若关于 x 的方程 $|x|=a-x$ 只有一个解，则实数 a 的取值范围是________.

3. 画出下列函数的图象：

(1) $y=|x^2-x|$；　　(2) $y=x^2-|x|$.

4. 已知函数 $f(x)=ax^2-|x|+2a-1$，其中 $a\geqslant 0$，$a\in \mathbf{R}$.

(1)若 $a=1$，作函数 $f(x)$ 的图象；

(2)设 $f(x)$ 在区间 $[1,2]$ 上的最小值为 $g(a)$，求 $g(a)$ 的表达式.

第十四节　函数的简单应用

一次、二次函数以及分段函数是重要的数学模型，在生活、生产实践中有着广泛的应用. 数学模型的建立与应用对于阅读能力、分析问题的能力、数学运算的能力、数学推理的能力等数学核心素养的培养十分重要.

【例 1】　在国内投递外埠平信，每封信不超过 20 g 付邮资 80 分，超过 20 g 不超过 40 g 付邮资 160 分，超过 40 g 不超过 60 g 付邮资 240 分. 以此类推，每封 x g($0 < x \leqslant 100$) 的信应付多少邮资(单位：分)？写出函数解析式，作出函数图象.

分析： 由于当自变量 x 在各个不同的范围内时，应付邮资的数量是不同的，所以可以用分段函数给出其对应的函数解析式. 在解题时，需要注意的是，当 x 在各个小范围内(如 $20 < x \leqslant 40$) 变化时，它所对应的函数值(邮资)并不变化(都是 160 分).

解： 设每封信的邮资为 y(单位：分)，则 y 是 x 的函数. 这个函数的解析式为

$$y=\begin{cases}80, & x\in(0,20],\\ 160, & x\in(20,40],\\ 240, & x\in(40,60],\\ 320, & x\in(60,80],\\ 400, & x\in(80,100],\end{cases}$$

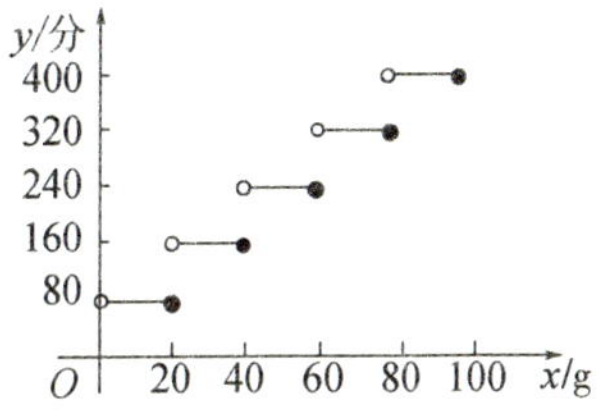

图 2-42

由该函数的解析式，可以得到其图象如图 2-42 所示.

【例 2】　如图 2-43 所示，在边长为 2 的正方形 $ABCD$ 的边上有一个动点 P，从点 A 出发沿折线 $ABCD$ 移动一周后，回到 A 点. 设点 A 移动的路程为 x，$\triangle PAC$ 的面积为 y.

(1)求函数 y 的解析式；

(2)画出函数 y 的图象；

(3)求函数 y 的取值范围.

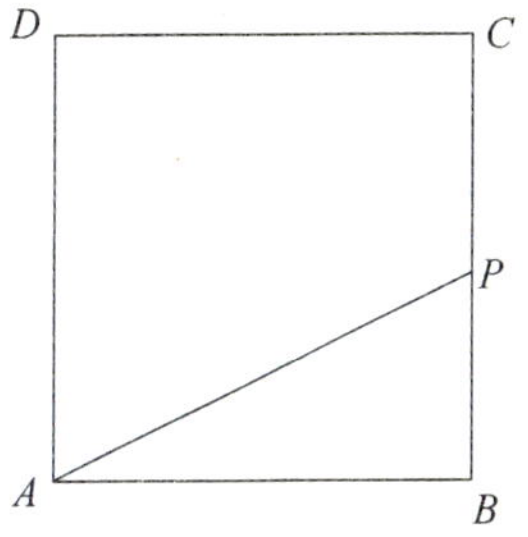

图 2-43

分析： 要对点 P 所在的位置进行分类讨论.

解： (1) ①当点 P 在线段 AB 上移动，即 $0 < x \leqslant 2$ 时，

$$y=\frac{1}{2}AP\cdot BC=x;$$

②当点 P 在线段 BC 上移动，即 $2 < x \leqslant 4$ 时，

$$y=\frac{1}{2}PC\cdot AB=\frac{1}{2}(4-x)\cdot 2=4-x;$$

③当点 P 在线段 CD 上移动，即 $4 < x \leqslant 6$ 时，

$$y=\frac{1}{2}PC\cdot AD=\frac{1}{2}(x-4)\cdot 2=x-4;$$

④当点 P 在线段 DA 上移动，即 $6<x<8$ 时，

$$y=\frac{1}{2}PA\cdot CD=\frac{1}{2}(8-x)\cdot 2=8-x.$$

故 $y=\begin{cases}x, & 0<x\leqslant 2,\\ 4-x, & 2<x\leqslant 4,\\ x-4, & 4<x\leqslant 6,\\ 8-x, & 6<x<8.\end{cases}$

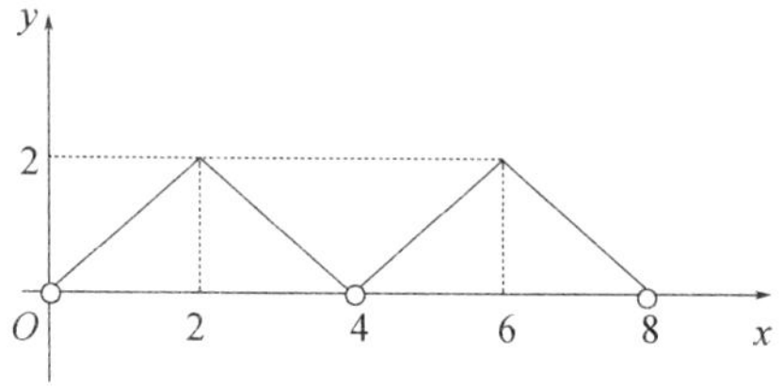

图 2-44

(2)函数 y 的图象如图 2-44 所示.

(3)由函数的图象可知，函数 y 的取值范围是 $0<y\leqslant 2$.

【例 3】 图 2-45 所示曲线表示一个人骑自行车离家的距离(s)与时间(t)的关系. 骑车者 9 时离开家，15 时回家. 请你根据这个曲线图，回答下列问题：

(1)骑车者最初到达离家最远的地方是什么时间？离家多远？

(2)骑车者何时开始第一次休息？休息多长时间？

(3)骑车者第一次休息时，离家多远？

(4)11—12 时骑车者骑了多少千米？

(5)骑车者在 9—10 时和 10—10.5 时的平均速度分别是多少？

(6)骑车者在哪段时间里停止前进并休息用午餐？

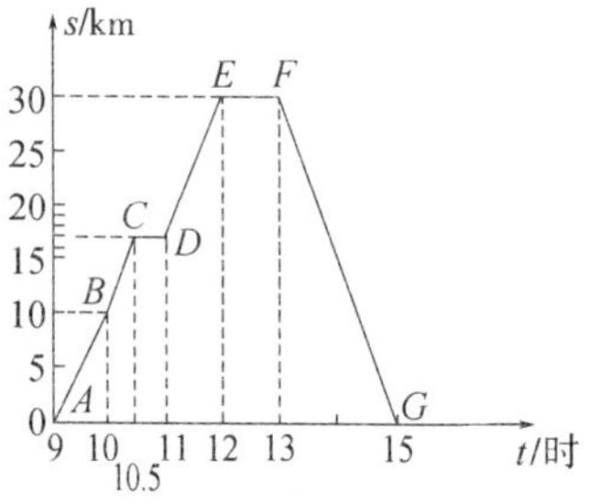

图 2-45

解：(1)骑车者最初到达离家最远的地方的时间是 12 时，离家 30 km.

(2)骑车者 10.5 时开始第一次休息，休息了半个小时.

(3)骑车者第一次休息时，离家 17 km.

(4)骑车者 11—12 时骑了 13 km.

(5)骑车者 9—10 时的平均速度是 10 km/h，10—10.5 时的平均速度是 14 km/h.

(6)骑车者 12—13 时停止前进并休息用午餐较为符合实际情形.

【例 4】 某蔬菜基地种植西红柿，由历年的市场行情得知，从 2 月 1 日起的 300 天内，西红柿的售价与上市时间的关系用图 2-46 所示的一条折线表示，西红柿的种植成本与上市时间的关系用图 2-47 所示的抛物线段表示.

(1)写出图 2-46 表示的市场售价与时间的函数关系式 $P=f(t)$，写出图 2-47 表示的种植成本与上市时间的函数关系式 $Q=g(t)$；

(2)认定市场售价减去种植成本为纯收益，问何时上市的西红柿纯收益最大?

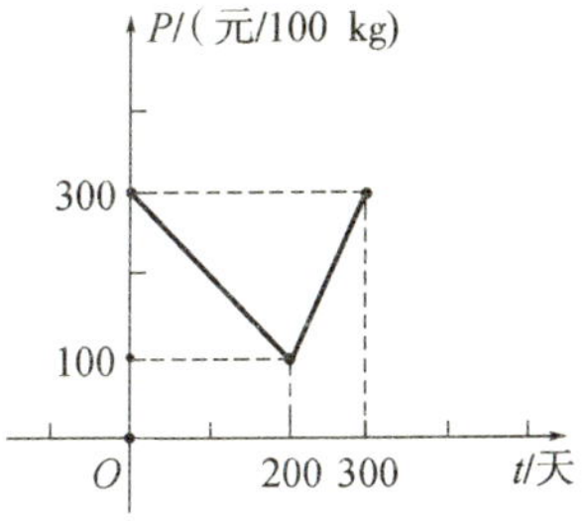

图 2-46

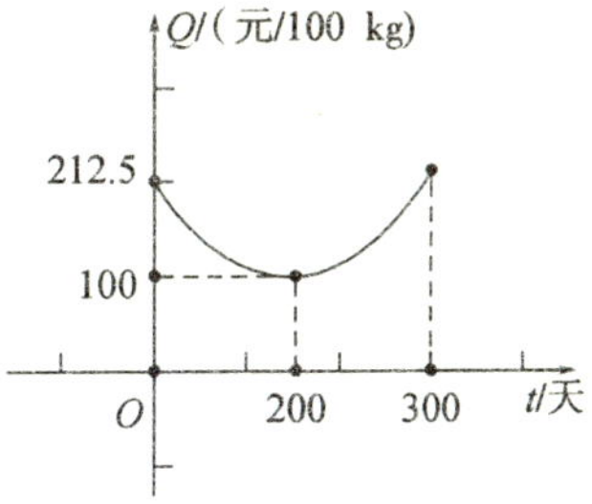

图 2-47

解：(1)由图 2-46 可得市场售价与时间的关系为

$$f(t)=\begin{cases}300-t, & 0\leqslant t\leqslant 200,\\ 2t-300, & 200<t\leqslant 300;\end{cases}$$

由图 2-47 可得种植成本与时间的函数关系为

$$g(t)=\frac{1}{200}(t-150)^2+100,\quad 0\leqslant t\leqslant 300.$$

(2)设 t 时间的纯收益为 $h(t)$，由题意得

$$h(t)=f(t)-g(t)=\begin{cases}-\frac{1}{200}t^2+\frac{1}{2}t+\frac{175}{2}, & 0\leqslant t\leqslant 200,\\ -\frac{1}{200}t^2+\frac{7}{2}t-\frac{1025}{2}, & 200<t\leqslant 300,\end{cases}$$

再求 $h(t)$ 的最大值即可.

注意：观察图 2-46，可知 $f(t)$ 应是一个关于 t 的一次分段函数；观察图 2-47，可知 $g(t)$ 是关于 t 的二次函数，可设为顶点式，即设 $g(t)=a(t-150)^2+100$.

分段函数最值的求解方法是先分别求出各段函数的最值，再进行大小比较，从而达到求解的目的.

习题 2.14

1. 选择题：

(1)某幢建筑物，从 10 m 高的窗口 A 用水管向外喷水，喷出的水流呈抛物线状(抛物线所在平面与墙面垂直，如图 2-48 所示). 如果抛物线的最高点 M 离墙 1 m，离地面$\frac{40}{3}$ m，则水流落地点 B 离墙的距离 OB 是　(　　)

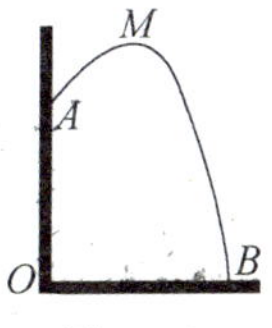

图 2-48

A. 2 m　　B. 3 m　　C. 4 m　　D. 5 m

(2)已知直角梯形 $OABC$ 中，$AB \parallel OC$，$BC \perp OC$，$AB=1$，$OC=BC=2$，直线 $x=t$ 截这个梯形位于此直线左方的图形的面积(见图 2-49 中的阴影部分)为 y，则函数 $y=f(t)$ 的大致图象为 (　　)

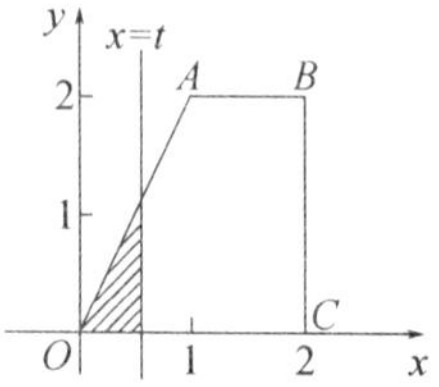

图 2-49

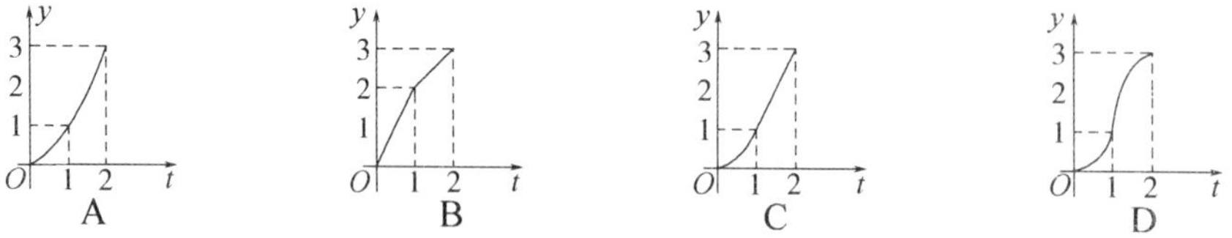

(3)如图 2-50 所示，有一直角墙角，两边的长度足够长，在 P 处有一棵树与两墙的距离分别是 a m $(0<a<12)$，4 m，不考虑树的粗细，现在用 16 m 长的篱笆，借助墙角围成一个矩形的花园 $ABCD$. 设此矩形花园的面积为 $S\ \mathrm{m}^2$，S 的最大值为 $f(a)$，若将这棵树围在花园内，则函数 $u=f(a)$ 的图象大致是 (　　)

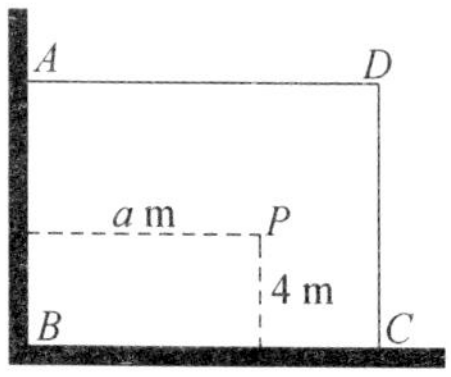

图 2-50

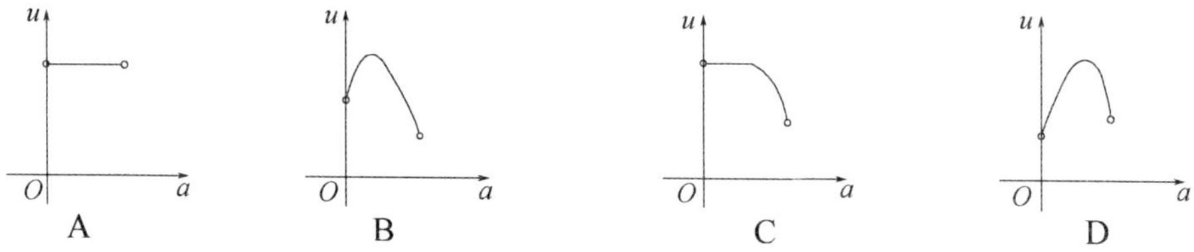

2. 用一根长度为 l m 的铁丝围成一个长方形或正方形，则其所围成的最大面积为________.

3. 某厂生产某种零件，每个零件的成本为 40 元，出厂单价定为 60 元. 该厂为鼓励销售部门订购，决定当一次订购量超过 100 个时，每多订购 1 个，订购全部零件的出厂单价就降低 0.02 元，但实际出厂单价不能低于 51 元.

(1)当一次订购量为多少时，零件的实际出厂单价恰好降为 51 元?

(2)设一次订购量为 x 个，零件的实际出厂单价为 P 元，写出函数 $P=f(x)$ 的表达式.

(3)当销售商一次订购 500 个零件时，该厂获得的利润是多少元? 如果订购 1 000 个，利润又是多少元?(工厂售出一个零件的利润=实际出厂单价－成本)

第三章

几何部分知识

平面图形是我们认识空间图形的基础，三维空间是人类生存的现实空间，认识空间图形，对于培养和发展空间想象能力、推理论证能力、运用图形语言进行交流的能力以及几何直观能力都非常重要. 在初中的平面几何中，我们用几何方法研究过一些图形的基本性质，如三角形、四边形、圆等. 空间图形的研究是高中阶段数学必修系列几何课程的基本内容，它需要从两个方面进行：一个是用推理的方法研究，就是高中要学习的立体几何；另一个是用代数的方法研究，就是高中研究解析几何的方法，解析几何的本质是用代数的方法研究图形的几何性质，体现了数形结合的重要数学思想. 下面我们重点来复习平面几何中与高中数学知识密切相关的知识.

第一节　三角形、四边形中的基本定理

在平面几何中，三角形与四边形是两个基本图形，在解决几何问题时，常涉及三角形中一些线段的长度、长度比的问题. 要熟练掌握平行线产生的一些重要的长度比. 要掌握三角形、四边形的相似问题，以及有关的定理结论.

平行线分线段成比例定理： 三条平行线截两条直线，所得的对应线段成比例.

如图 3-1 所示，$l_1 \parallel l_2 \parallel l_3$，则有$\frac{AB}{BC}=\frac{DE}{EF}$. 当然，也可以得出$\frac{AB}{AC}=\frac{DE}{DF}$. 在运用该定理解决问题的过程中，我们一定要注意线段之间的对应关系，是“对应”线段成比例.

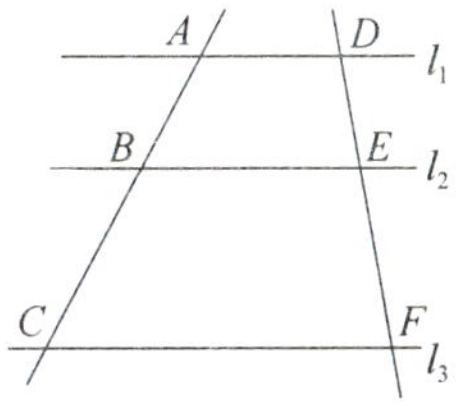

图 3-1

【例 1】　在 $\triangle ABC$ 中，D，E 分别为边 AB，AC 上的点，$DE \parallel BC$，求证：$\frac{AD}{AB}=\frac{AE}{AC}=\frac{DE}{BC}$.

证法一： 因为 $DE \parallel BC$，所以 $\angle ADE=\angle ABC$，$\angle AED=\angle ACB$，

所以 $\triangle ADE \backsim \triangle ABC$，所以$\frac{AD}{AB}=\frac{AE}{AC}=\frac{DE}{BC}$.

证法二： 如图 3-2 所示，过点 A 作直线 $l \parallel BC$，

因为 $l \parallel DE \parallel BC$，所以 $\frac{AD}{AB}=\frac{AE}{AC}$.

过点 E 作 $EF \parallel AB$ 交 BC 于点 F，得 $\square BDEF$，

因而 $DE=BF$.

因为 $EF \parallel AB$，所以 $\frac{AE}{AC}=\frac{BF}{BC}=\frac{DE}{BC}$.

所以 $\frac{AD}{AB}=\frac{AE}{AC}=\frac{DE}{BC}$.

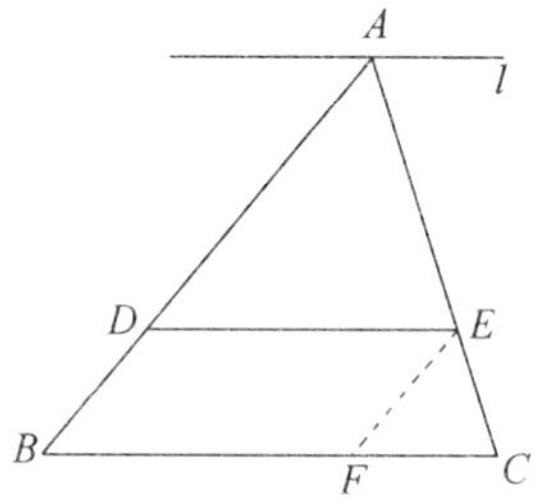

图 3-2

从上例可以得出如下结论：

(1)平行于三角形的一边的直线截其他两边(或两边的延长线)，所得的对应线段成比例.

(2)平行于三角形的一边，并且和其他两边相交的直线，所截得的三角形的三边与原三角形的三边对应成比例.

【例 2】 已知 $\triangle ABC$，D 在 AC 上，$AD:DC=2:1$，能否在 AB 上找到一点 E，使得线段 EC 的中点在 BD 上.

解： 假设能找到，如图 3-3 所示，设 EC 交 BD 于点 F，则 F 为 EC 的中点，作 $EG \parallel AC$ 交 BD 于点 G.

因为 $EG \parallel AC$，$EF=FC$，

所以 $\triangle EGF \cong \triangle CDF$，且 $EG=CD$，

所以 $EG \underline{\underline{\parallel}} \frac{1}{2}AD$，$\triangle BEG \backsim \triangle BAD$，且 $\frac{BE}{BA}=\frac{EG}{AD}=\frac{1}{2}$，

所以 E 为 AB 的中点.

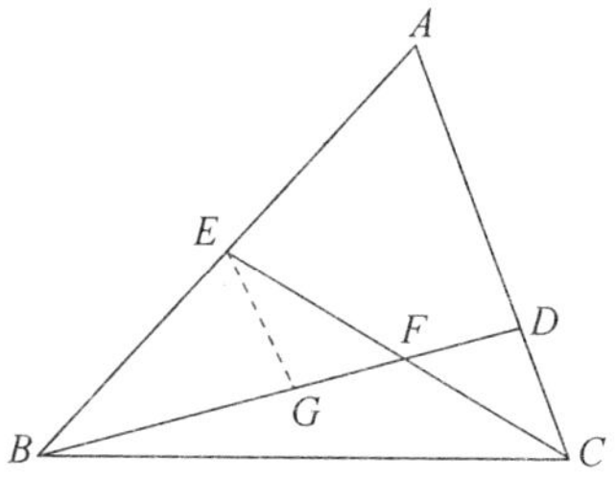

图 3-3

可见，当 E 为 AB 的中点时，EC 的中点在 BD 上.

我们在探索一些存在性问题时，常常先假设其存在，再解之，有解则存在，无解或矛盾则不存在.

【例 3】 如图 3-4 所示，在 $\triangle ABC$ 中，AD 为 $\angle BAC$ 的平分线，求证：$\frac{AB}{AC}=\frac{BD}{DC}$.

证明： 过点 C 作 $CE \parallel AD$，交 BA 的延长线于点 E，

因为 $AD \parallel CE$，所以 $\frac{BA}{AE}=\frac{BD}{DC}$.

因为 AD 平分 $\angle BAC$，所以 $\angle BAD=\angle DAC$，

由 $AD \parallel CE$，知 $\angle BAD=\angle E$，$\angle DAC=\angle ACE$，

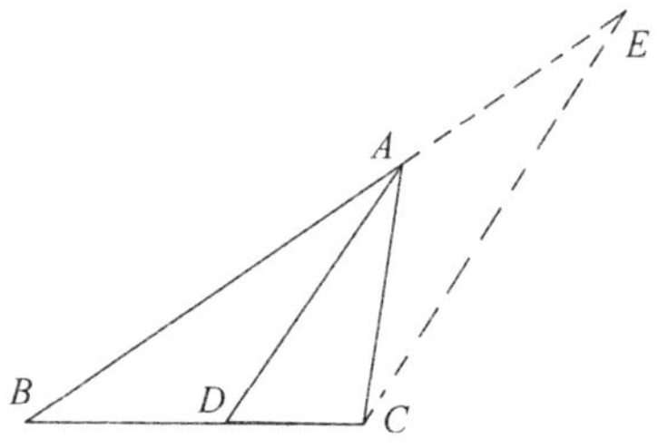

图 3-4

所以 $\angle E=\angle ACE$，即 $AE=AC$.

所以$\dfrac{AB}{AC}=\dfrac{BD}{DC}$.

此结论也被称为**角平分线性质定理**，可叙述为角平分线分对边成比例（等于该角的两边之比）.

【例 4】　如图 3-5 所示，四边形 $ABCD$ 的对角线相交于点 O，$\angle BAC=\angle CDB$，求证：$\angle DAC=\angle CBD$.

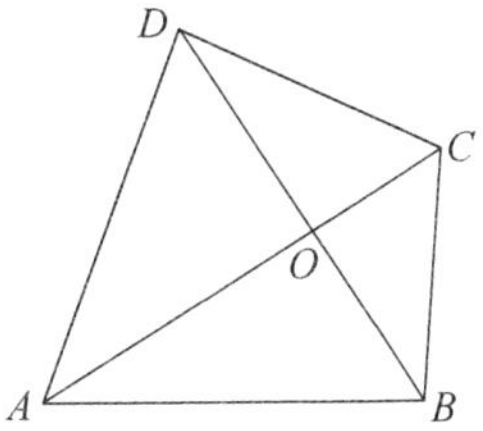

图 3-5

证明：在 $\triangle OAB$ 与 $\triangle ODC$ 中，因为 $\angle AOB=\angle DOC$，$\angle OAB=\angle ODC$，

所以 $\triangle OAB\backsim\triangle ODC$，

所以$\dfrac{OA}{OD}=\dfrac{OB}{OC}$，即$\dfrac{OA}{OB}=\dfrac{OD}{OC}$.

又因为在 $\triangle OAD$ 与 $\triangle OBC$ 中，$\angle AOD=\angle BOC$，

所以 $\triangle OAD\backsim\triangle OBC$，

所以 $\angle DAC=\angle CBD$.

【例 5】　如图 3-6 所示，在 Rt $\triangle ABC$ 中，$\angle BAC$ 为直角，$AD\perp BC$ 于点 D.

求证：(1) $AB^2=BD\cdot BC$，$AC^2=CD\cdot CB$；

(2) $AD^2=BD\cdot CD$.

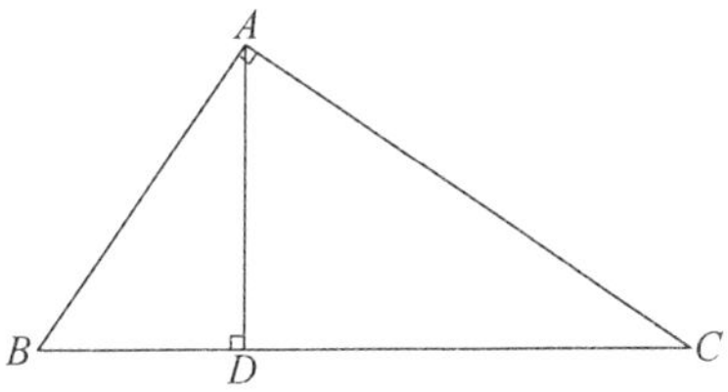

图 3-6

证明：(1) 在 Rt$\triangle BAC$ 与 Rt$\triangle BDA$ 中，$\angle B=\angle B$，

所以 Rt$\triangle BAC\backsim$ Rt$\triangle BDA$，所以$\dfrac{BA}{BD}=\dfrac{BC}{BA}$，即 $AB^2=BD\cdot BC$.

同理可证得 $AC^2=CD\cdot CB$.

(2) 在 Rt$\triangle ABD$ 与 Rt$\triangle CAD$ 中，$\angle C=90^\circ-\angle CAD=\angle BAD$，

所以 Rt$\triangle ABD\backsim$ Rt$\triangle CAD$，故$\dfrac{AD}{BD}=\dfrac{CD}{AD}$，即 $AD^2=BD\cdot CD$.

我们把这个例题的结论称为**射影定理**，该定理对直角三角形的运算很有用.

【例 6】　如图 3-7 所示，在 $\triangle ABC$ 中，$AD\perp BC$ 于点 D，$DE\perp AB$ 于点 E，$DF\perp AC$ 于点 F，求证：$AE\cdot AB=AF\cdot AC$.

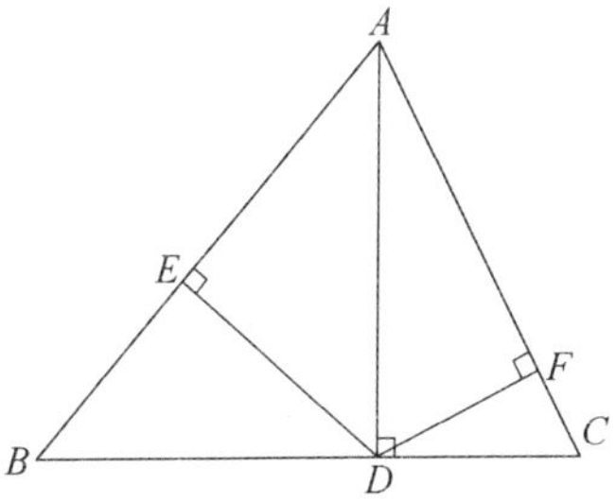

图 3-7

证明：因为 $AD\perp BC$，所以 $\triangle ADB$ 为直角三角形.

又因为 $DE\perp AB$，由射影定理，知 $AD^2=AE\cdot AB$.

同理可得 $AD^2=AF\cdot AC$.

所以 $AE\cdot AB=AF\cdot AC$.

【例 7】 如图 3-8 所示，在 $\triangle ABC$ 中，D 为边 BC 的中点，E 为边 AC 上的任意一点，BE 交 AD 于点 O. 某学生在研究这一问题时，发现了如下的事实：

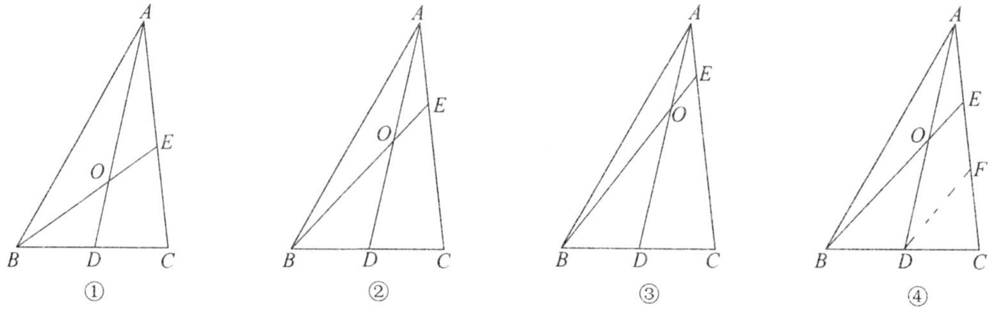

图 3-8

(1)当 $\frac{AE}{AC}=\frac{1}{2}=\frac{1}{1+1}$ 时，有 $\frac{AO}{AD}=\frac{2}{3}=\frac{2}{2+1}$（见图 3-8①）.

(2)当 $\frac{AE}{AC}=\frac{1}{3}=\frac{1}{1+2}$ 时，有 $\frac{AO}{AD}=\frac{2}{4}=\frac{2}{2+2}$（见图 3-8②）.

(3)当 $\frac{AE}{AC}=\frac{1}{4}=\frac{1}{1+3}$ 时，有 $\frac{AO}{AD}=\frac{2}{5}=\frac{2}{2+3}$（见图 3-8③）.

在图 3-8④中，当 $\frac{AE}{AC}=\frac{1}{1+n}$ 时，参照上述研究结论，请你猜想用 n 表示 $\frac{AO}{AD}$ 的一般结论，并给出证明（其中 n 为正整数）.

依题意可以猜想：当 $\frac{AE}{AC}=\frac{1}{1+n}$ 时，有 $\frac{AO}{AD}=\frac{2}{2+n}$ 成立.

证明：过点 D 作 $DF \parallel BE$ 交 AC 于点 F，

因为 D 是 BC 的中点，所以 F 是 EC 的中点.

由 $\frac{AE}{AC}=\frac{1}{1+n}$，可知 $\frac{AE}{EC}=\frac{1}{n}$，所以 $\frac{AE}{EF}=\frac{2}{n}$，$\frac{AE}{AF}=\frac{2}{2+n}$.

所以 $\frac{AO}{AD}=\frac{AE}{AF}=\frac{2}{2+n}$.

想一想：在图 3-8④中，若 $\frac{AO}{AD}=\frac{1}{n}$，则 $\frac{AE}{AC}=?$

本题中采用了从特殊到一般的思维方法. 我们常从一些具体的问题中发现一些规律，进而作出一般性的猜想，然后加以证明或否定. 数学的发展史就是不断探索的历史.

习题 3.1

1. 选择题:

(1)如图 3-9 所示,D 是 $\triangle ABC$ 的边 AB 上的一点,过点 D 作 $DE \parallel BC$ 交 AC 于点 E. 已知 $AD:DB=2:3$,则 $S_{\triangle ADE}:S_{四边形BCED}$ 等于　(　　)

A. $2:3$　　B. $4:9$　　C. $4:5$　　D. $4:21$

(2)如图 3-10 所示,BD,CE 是 $\triangle ABC$ 的中线,P,Q 分别是 BD,CE 的中点,则 $PQ:BC$ 等于　(　　)

A. $1:3$　　B. $1:4$　　C. $1:5$　　D. $1:6$

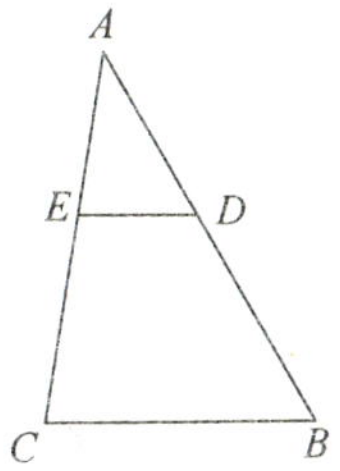

图 3-9

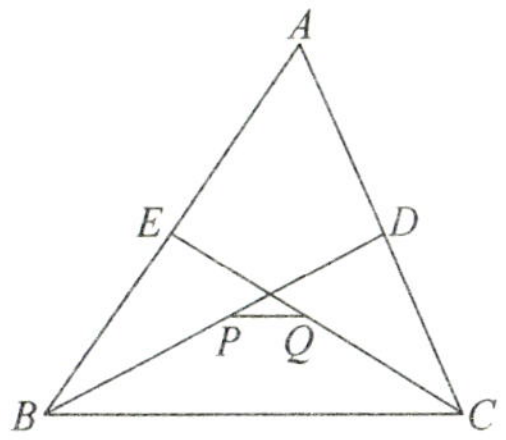

图 3-10

(3)如图 3-11 所示,已知 $\triangle ABC$ 中,$AE:EB=1:3$,$BD:DC=2:1$,AD 与 CE 相交于点 F,则 $\dfrac{EF}{FC}+\dfrac{AF}{FD}$ 的值为　(　　)

A. $\dfrac{1}{2}$　　B. 1　　C. $\dfrac{3}{2}$　　D. 2

(4)如图 3-12 所示,已知 $\triangle ABC$ 的周长为 1,连接 $\triangle ABC$ 三边的中点构成第二个三角形,再连接第二个三角形三边的中点构成第三个三角形. 以此类推,第 2003 个三角形的周长为　(　　)

A. $\dfrac{1}{2002}$　　B. $\dfrac{1}{2003}$　　C. $\dfrac{1}{2^{2002}}$　　D. $\dfrac{1}{2^{2003}}$

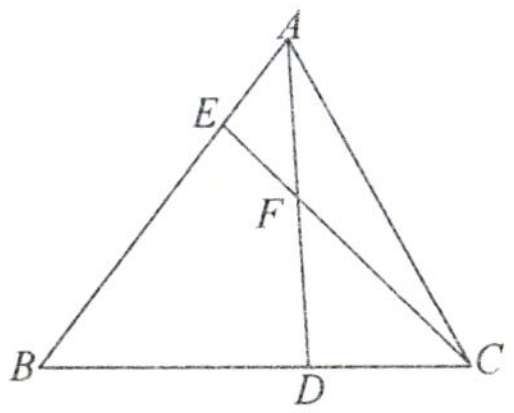

图 3-11

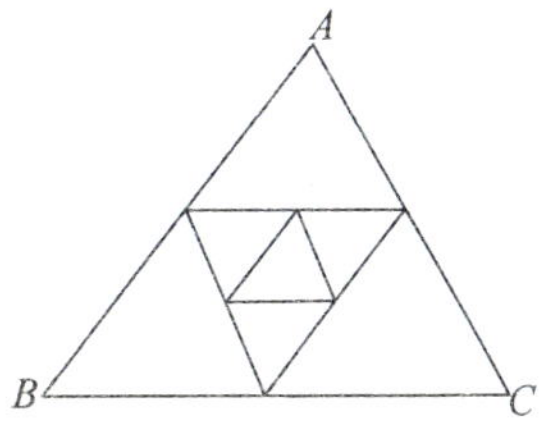

图 3-12

(5)如图3-13所示，已知M为$\square ABCD$的边AB的中点，CM交BD于点E，则图中阴影部分的面积与$\square ABCD$面积的比是 (　　)

A. $\frac{1}{3}$　　B. $\frac{1}{4}$

C. $\frac{1}{6}$　　D. $\frac{5}{12}$

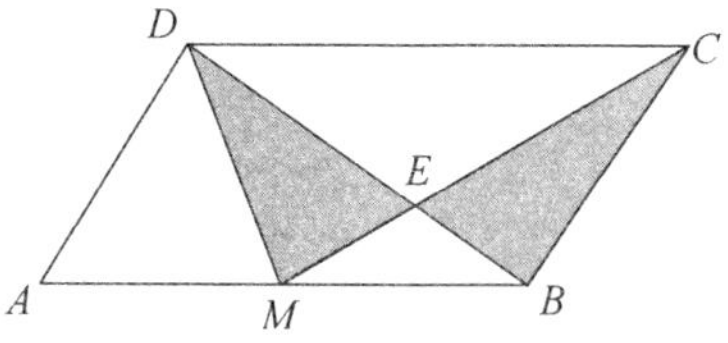

图3-13

2. 若一个梯形的中位线长为15，一条对角线把该中位线分成两条线段. 若这两条线段的比是3∶2，则梯形的上、下底长分别是________.

3. 在$\triangle ABC$中，已知AD是$\angle BAC$的平分线，$AB=5$ cm，$AC=4$ cm，$BC=7$ cm，求BD的长.

4. 如图3-14所示，在$\triangle ABC$中，$\angle BAC$的外角平分线AD交BC的延长线于点D，求证：$\frac{AB}{AC}=\frac{BD}{DC}$.

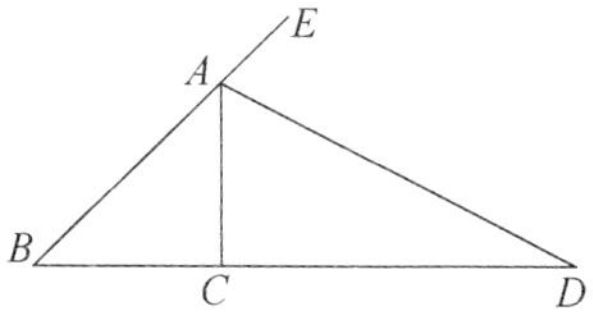

图3-14

5. 如图3-15所示，在$\triangle ABC$的边AB，AC上分别取D，E两点，使$BD=CE$，DE的延长线交BC的延长线于点F. 求证：$\frac{DF}{EF}=\frac{AC}{AB}$.

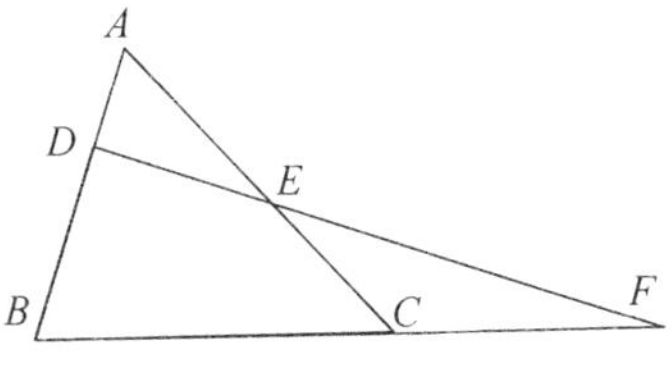

图3-15

6. 已知$\triangle ABC$的三边长分别是3，4，5，与其相似的$\triangle A'B'C'$的最大边长是15，求$\triangle A'B'C'$的面积$S_{\triangle A'B'C'}$.

7. 如图 3-16 所示，在四边形 $ABCD$ 中，E,F,G,H 分别是 AB,BC,CD,DA 的中点.

(1)请判断四边形 $EFGH$ 是什么四边形，并说明理由；

(2)若四边形 $ABCD$ 是平行四边形，对角线 AC,BD 满足什么条件时 $EFGH$ 是菱形？满足什么条件时是正方形？

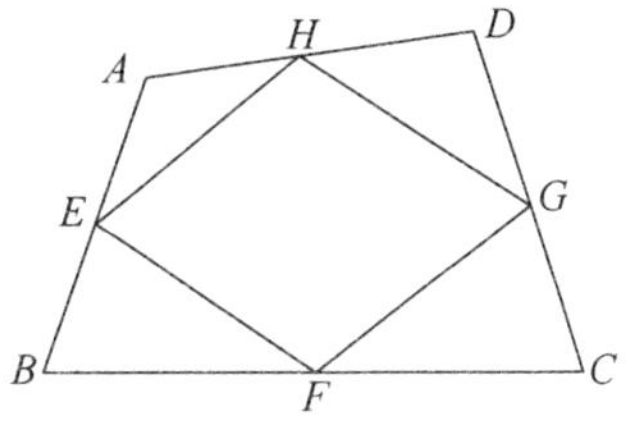

图 3-16

8. 如图 3-17 所示，在▱$ABCD$ 中，E 是 AB 延长线上的一点，DE 交 BC 于点 F. 已知 $BE:AB=2:3$，$S_{\triangle BEF}=4$，求 $S_{\triangle CDF}$.

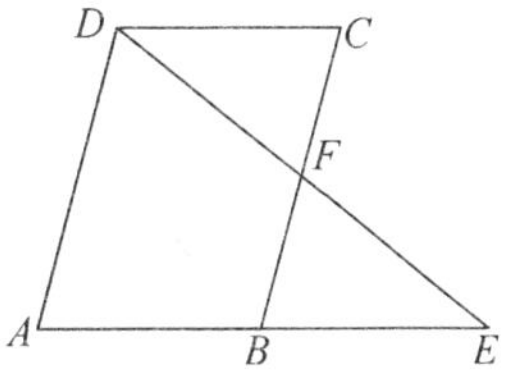

图 3-17

9. 如图 3-18 所示，在矩形 $ABCD$ 中，E 是 CD 的中点，$BE\perp AC$ 交 AC 于点 F，过点 F 作 $FG\parallel AB$ 交 AE 于点 G，求证：$AG^2=AF\cdot FC$.

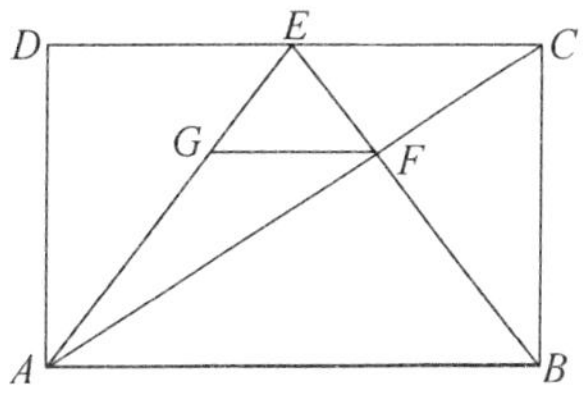

图 3-18

10. 如图 3-19 所示，在梯形 $ABCD$ 中，$AD\parallel BC$，EF 经过梯形对角线的交点 O，且 $EF\parallel AD$.

(1)求证：$OE=OF$；

(2)求 $\frac{OE}{AD}+\frac{OE}{BC}$ 的值；

(3)求证：$\frac{1}{AD}+\frac{1}{BC}=\frac{2}{EF}$.

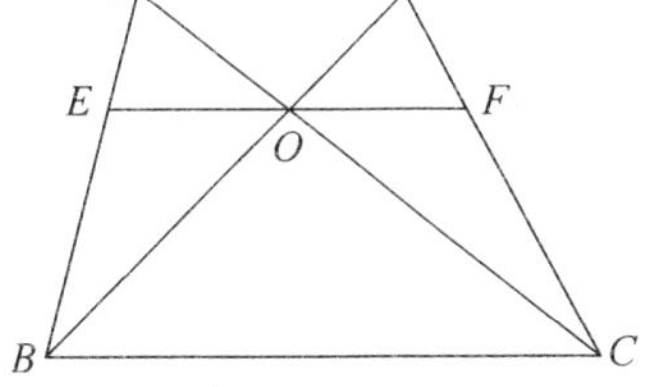

图 3-19

第二节　三角形“四心”的重要结论

三角形是最重要的基本平面图形，很多较复杂的图形问题可以化归为三角形的问题.

如图 3-20 所示，在 $\triangle ABC$ 中，有三条边 AB，BC，CA，三个角 $\angle A$，$\angle B$，$\angle C$，三个顶点 A，B，C；在三角形中，角平分线、中线、高（见图 3-21 中的 AE，AM，AD）是三角形中的三种重要线段.

三角形的三条中线相交于一点，这个交点称为三角形的重心. 三角形的重心在三角形的内部，恰好是每条中线的三等分点（见图 3-22）.

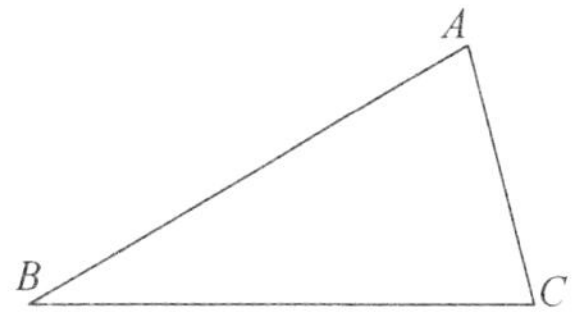

图 3-20

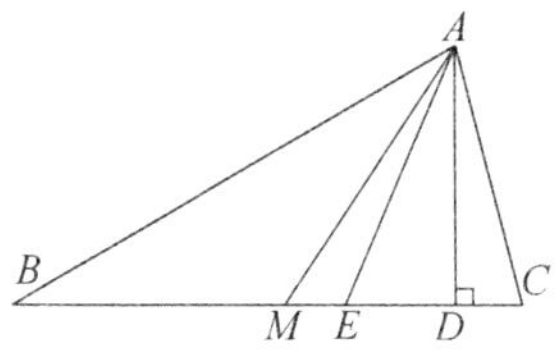

图 3-21

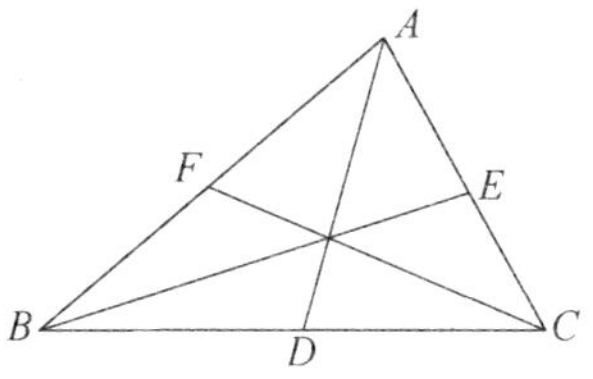

图 3-22

【例 1】　求证：三角形的三条中线交于一点，且被该交点分成的两段长度之比为 2∶1.

已知：D，E，F 分别为 $\triangle ABC$ 的三边 BC，CA，AB 的中点.

求证：AD，BE，CF 交于一点，且都被该点分成 2∶1.

证明： 如图 3-23 所示，连接 DE，设 AD，BE 交于点 G.

因为 D，E 分别为 BC，AC 的中点，则 $DE \parallel AB$，且 $DE = \frac{1}{2}AB$，

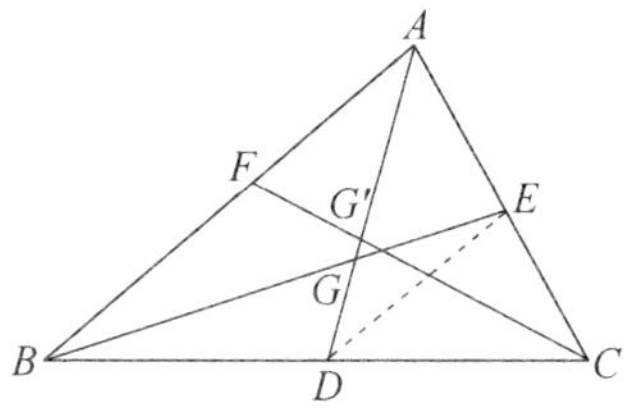

图 3-23

所以 $\triangle GDE \backsim \triangle GAB$，且相似比为 1∶2，

所以 $AG = 2GD$，$BG = 2GE$.

设 AD，CF 交于点 G'，同理可得 $AG' = 2G'D$，$CG' = 2G'F$.

故 G 与 G' 重合，

所以 AD，BE，CF 交于一点，且都被该点分成 2∶1.

三角形的三条角平分线相交于一点，是三角形的内心. 三角形的内心在三角形的内部，它到三角形的三边的距离相等，如图 3-24 所示.

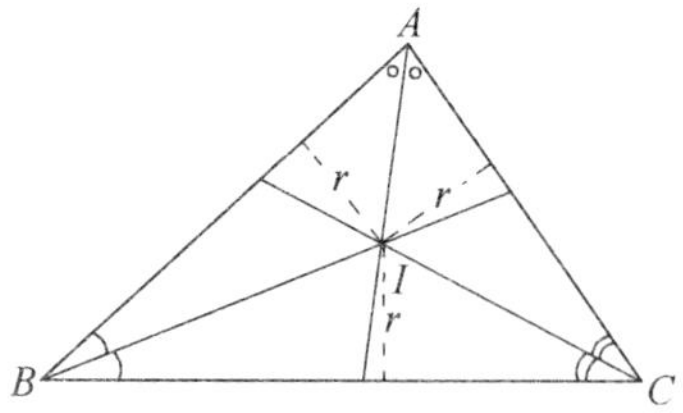

图 3-24

【例 2】　已知 $\triangle ABC$ 的三边长分别为 $BC = a$，$AC = b$，$AB = c$，I 为 $\triangle ABC$ 的内心，且 I 在 $\triangle ABC$ 的边 BC，AC，AB 上的射影分别为点 D，E，F，

求证:$AE = AF = \dfrac{b+c-a}{2}$.

证明: 作 $\triangle ABC$ 的内切圆,则 D,E,F 分别为内切圆在三边上的切点,如图 3-25 所示.

因为 AE,AF 为从圆的同一点作的两条切线,所以 $AE = AF$,

同理,$BD = BF,CD = CE$.

所以 $b+c-a = AE+CE+AF+BE-BD-CD$

$= AE+AF = 2AF = 2AE$,

即 $AE = AF = \dfrac{b+c-a}{2}$.

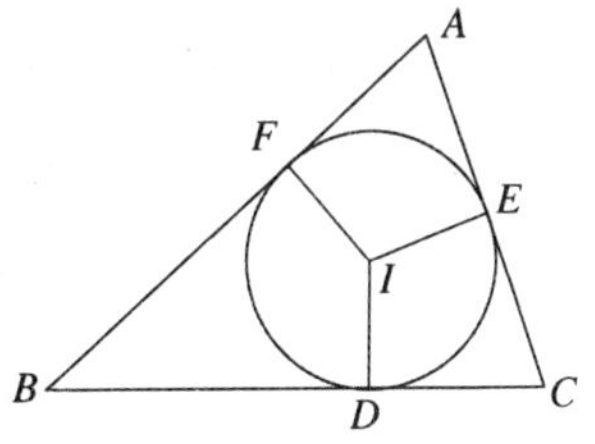

图 3-25

【例 3】　若三角形的内心与重心为同一点，求证：这个三角形为正三角形.

已知:O 为 $\triangle ABC$ 的重心和内心.

求证:$\triangle ABC$ 为等边三角形.

证明: 如图 3-26 所示,连接 AO 并延长交 BC 于点 D.

因为 O 为 $\triangle ABC$ 的内心,故 AD 平分 $\angle BAC$,

所以$\dfrac{AB}{AC} = \dfrac{BD}{DC}$(角平分线性质定理).

因为 O 为 $\triangle ABC$ 的重心,D 为 BC 的中点,即 $BD = DC$.

所以$\dfrac{AB}{AC} = 1$,即 $AB = AC$.

同理可得,$AB = BC$.

所以 $\triangle ABC$ 为等边三角形.

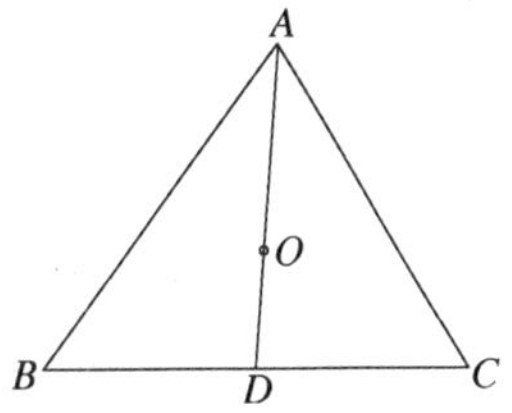

图 3-26

三角形的三条高所在的直线相交于一点，该点称为三角形的垂心. 锐角三角形的垂心一定在三角形的内部，直角三角形的垂心为它的直角顶点，钝角三角形的垂心在三角形的外部，分别如图 3-27①②③所示.

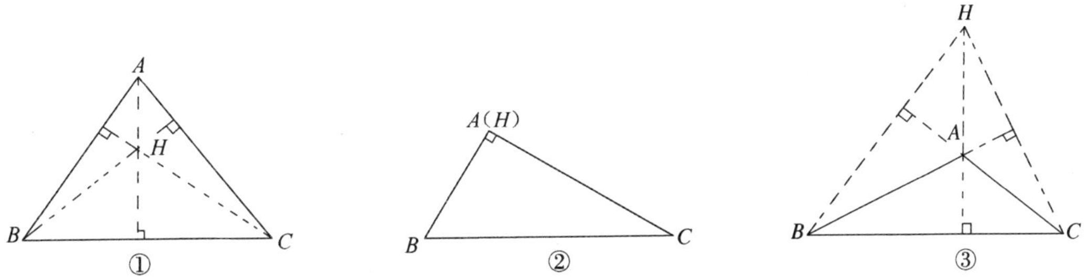

图 3-27

【例 4】　求证：三角形的三条高交于一点.

已知：在 $\triangle ABC$ 中，$AD \perp BC$ 于点 D，$BE \perp AC$ 于点 E，$CF \perp AB$ 于点 F，AD 与 BE 交于点 H（见图 3-28）.

求证：$CH \perp AB$.

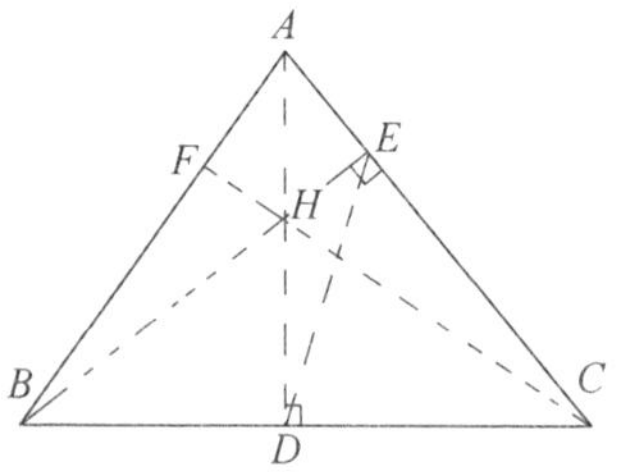

图 3-28

证明： 以 CH 为直径作圆，

因为 $AD \perp BC$，$BE \perp AC$，所以 $\angle HDC = \angle HEC = 90^\circ$，

所以 D，E 在以 CH 为直径的圆上，

所以 $\angle FCB = \angle DEH$.

同理，E，D 在以 AB 为直径的圆上，可得 $\angle BED = \angle BAD$.

所以 $\angle BCH = \angle BAD$，

又因为 $\triangle ABD$ 与 $\triangle CBF$ 有公共角 $\angle B$，所以 $\angle CFB = \angle ADB = 90^\circ$，即 $CH \perp AB$.

过不共线的三点 A，B，C 有且只有一个圆，该圆是 $\triangle ABC$ 的外接圆，圆心 O 为三角形的外心. 三角形的外心到三个顶点的距离相等，是各边的垂直平分线的交点.

等腰三角形底边上的三线（角平分线、中线、高线）合一. 因而在等腰三角形 ABC 中，三角形的内心 I、重心 G、垂心 H 必然在一条直线上.

【例 5】 如图 3-29 所示，在 $\triangle ABC$ 中，$AB = AC = 3$，$BC = 2$. 求：

(1) $\triangle ABC$ 的面积 $S_{\triangle ABC}$ 及 AC 边上的高 BE；

(2) $\triangle ABC$ 的内切圆的半径 r；

(3) $\triangle ABC$ 的外接圆的半径 R.

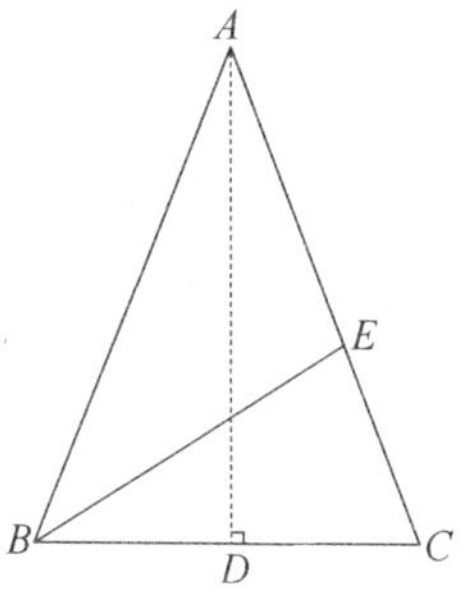

图 3-29

解： (1) 如图 3-29 所示，作 $AD \perp BC$ 于点 D.

因为 $AB = AC$，所以 D 为 BC 的中点，

所以 $AD = \sqrt{AB^2 - BD^2} = 2\sqrt{2}$，

所以 $S_{\triangle ABC} = \frac{1}{2} \times 2 \times 2\sqrt{2} = 2\sqrt{2}$.

又因为 $S_{\triangle ABC} = \frac{1}{2} AC \cdot BE$，解得 $BE = \frac{4\sqrt{2}}{3}$.

(2) 如图 3-30 所示，I 为内心，则 I 到三边的距离均为 r，连接 IA，IB，IC，

则 $S_{\triangle ABC} = S_{\triangle IAB} + S_{\triangle IBC} + S_{\triangle IAC}$，

即 $2\sqrt{2} = \frac{1}{2} AB \cdot r + \frac{1}{2} BC \cdot r + \frac{1}{2} CA \cdot r$，

解得 $r = \frac{\sqrt{2}}{2}$.

(3) 如图 3-31 所示，因为 $\triangle ABC$ 是等腰三角形，

所以外心 O 在 AD 上，连接 BO，

则在 Rt$\triangle OBD$ 中，$OD=AD-R$，$OB^2=BD^2+OD^2$，

所以 $R^2=(2\sqrt{2}-R)^2+1^2$，解得 $R=\frac{9\sqrt{2}}{8}$.

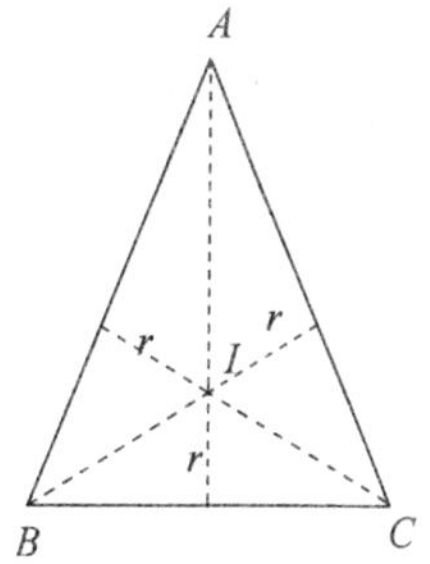

图 3-30

如图 3-32 所示，在 Rt$\triangle ABC$ 中，$\angle A$ 为直角，垂心为直角顶点 A，外心 O 为斜边 BC 的中点，内心 I 在三角形的内部，且内切圆的半径为 $\frac{b+c-a}{2}$（其中 a,b,c 分别为三角形的三边 BC,CA,AB 的长），为什么？

该直角三角形的三边长满足勾股定理：$AC^2+AB^2=BC^2$.

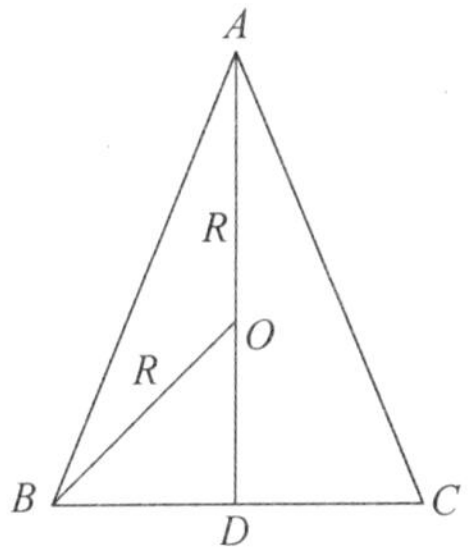

图 3-31

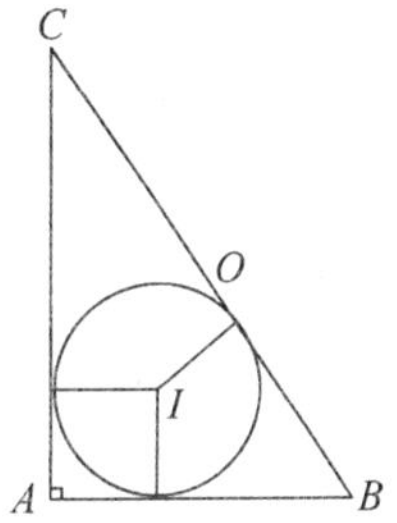

图 3-32

【例 6】　如图 3-33 所示，在 $\triangle ABC$ 中，$AB=AC$，P 为 BC 上的任意一点．求证：$AP^2=AB^2-PB\cdot PC$.

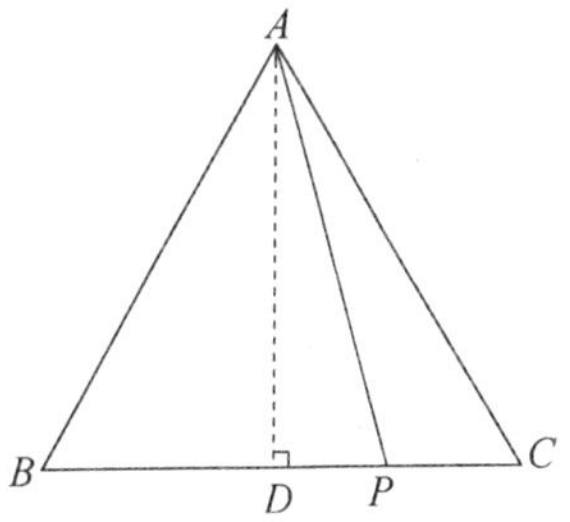

图 3-33

证明： 过点 A 作 $AD\perp BC$ 于点 D.

在 Rt$\triangle ABD$ 中，$AD^2=AB^2-BD^2$.

在 Rt$\triangle APD$ 中，$AP^2=AD^2+DP^2$.

所以 $AP^2=AB^2-BD^2+DP^2=AB^2-(BD+DP)(BD-DP)$.

因为 $AB=AC$，$AD\perp BC$，所以 $BD=DC$.

所以 $BD-DP=CD-DP=PC$.

所以 $AP^2=AB^2-PB\cdot PC$.

正三角形的三条边长相等，三个角相等，且“四心”（内心、重心、垂心、外心）合一，该点称为正三角形的中心.

【例 7】　已知等边 $\triangle ABC$ 和点 P，设点 P 到三边 AB,AC,BC 的距离分别为 h_1,h_2,h_3，$\triangle ABC$ 的高为 h，若点 P 在边 BC 上（见图 3-34①），此时 $h_3=0$，可得结论：$h_1+h_2+h_3=h$.

请直接应用以上信息解决下列问题：

当(1) 点 P 在 $\triangle ABC$ 内（见图 3-34②）或(2)点 P 在 $\triangle ABC$ 外（见图 3-34③）时，上述

结论是否还成立？若成立，请给予证明；若不成立，h_1,h_2,h_3 与 h 之间有什么样的关系？请给出你的猜想(不必证明).

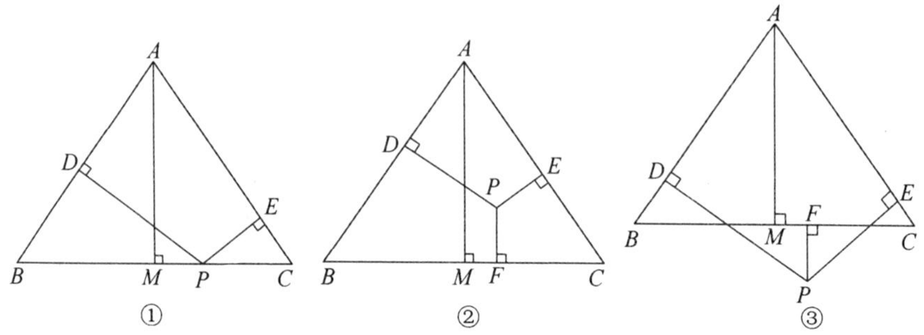

图 3-34

解：(1)当点 P 在 $\triangle ABC$ 内时，

方法一：如图 3-35 所示，过点 P 作 $B'C'$ 分别交 AB，AM，AC 于点 B'，M'，C'，

由题设知 $AM' = PD + PE$，

而 $AM' = AM - PF$，

故 $PD + PE + PF = AM$，即 $h_1 + h_2 + h_3 = h$.

方法二：如图 3-36 所示，连接 PA，PB，PC，

因为 $S_{\triangle ABC} = S_{\triangle PAB} + S_{\triangle PAC} + S_{\triangle PBC}$，

所以 $\frac{1}{2}BC \cdot AM = \frac{1}{2}AB \cdot PD + \frac{1}{2}AC \cdot PE + \frac{1}{2}BC \cdot PF$，

又因为 $AB = BC = AC$，

所以 $AM = PD + PE + PF$，即 $h_1 + h_2 + h_3 = h$.

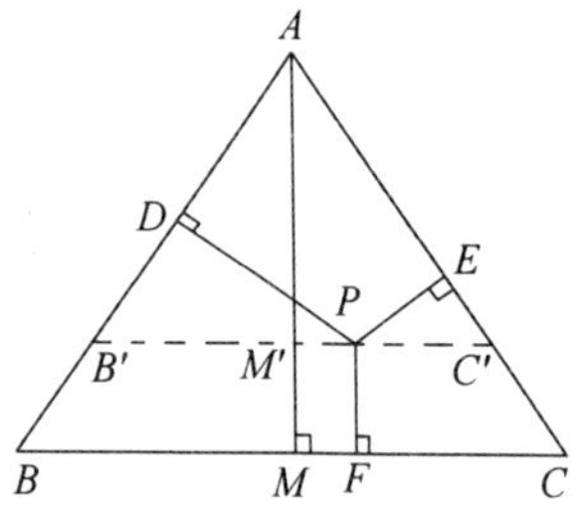

图 3-35

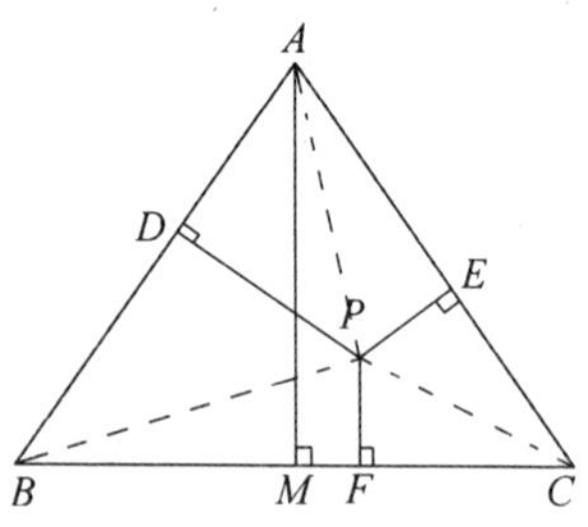

图 3-36

(2)当点 P 在 $\triangle ABC$ 外时(见图 3-37)，$h_1 + h_2 + h_3 = h$ 不成立，猜想：$h_1 + h_2 - h_3 = h$.

注意：当点 P 在 $\triangle ABC$ 外的其他位置时，还有可能得到其他的结论，如 $h_1 - h_2 + h_3 = h$，$h_1 - h_2 - h_3 = h$（想一想为什么？）等. 在解决上述问题时，方法一中运用了化归的数学

思想方法，方法二中灵活地运用了面积的方法.

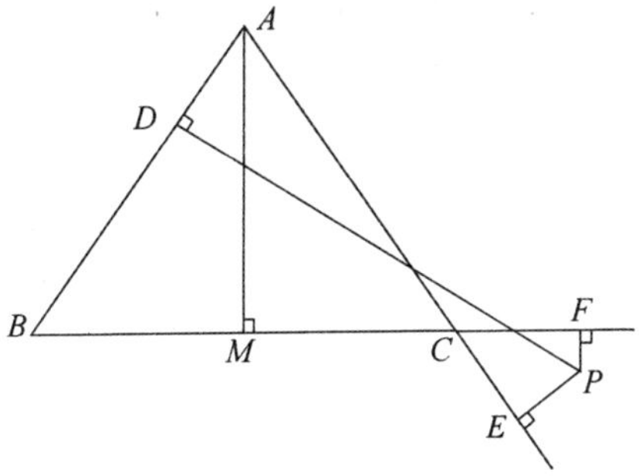

图 3-37

习题 3.2

1. 若三角形的垂心和重心重合，求证：该三角形为正三角形.

2. 填空题：

(1)若 $\triangle ABC$ 的面积为 S，且三边长分别为 a,b,c，则三角形的内切圆的半径是________.

(2)若直角三角形的三边长分别为 a,b,c(其中 c 为斜边长)，则三角形的内切圆的半径是________.

(3)已知 a,b,c 是 $\triangle ABC$ 的三条边，$a=7,b=10$，那么 c 的取值范围是________.

(4)若三角形的三边长分别为 $1,a,8$，且 a 是整数，则 a 的值是________.

3. 已知直角三角形的周长为 $3+\sqrt{3}$，斜边上的中线的长为 1，求这个三角形的面积.

4. 证明：等腰三角形底边上的任意一点到两腰的距离之和为一个常量.

5. 如图 3-38 所示，等边 $\triangle ABC$ 的周长为 12，CD 是边 AB 上的中线，E 是 CB 延长线上的一点，且 $BD=BE$，求 $\triangle CDE$ 的周长.

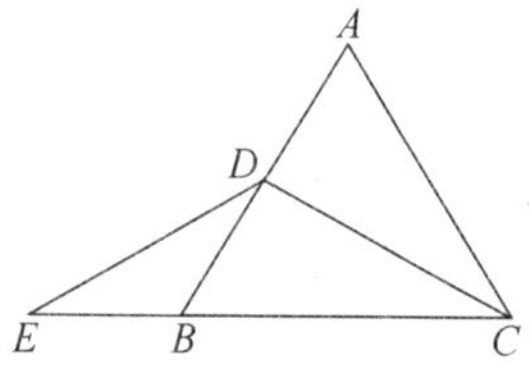

图 3-38

6. 如图 3-39 所示，在 $\mathrm{Rt}\triangle ABC$ 中，$\angle C=90^\circ$，M 是 AB 的中点，$AM=AN$，$MN \parallel AC$，求证：$MN=AC$.

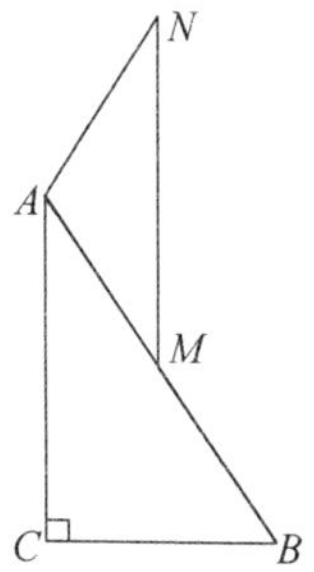

图 3-39

7. 如图 3-40 所示，在 $\triangle ABC$ 中，AD 平分 $\angle BAC$，$AB+BD=AC$，求 $\angle B:\angle C$ 的值.

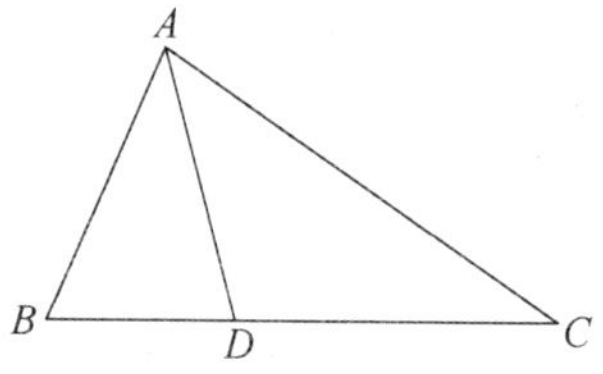

图 3-40

8. 如图 3-41 所示，在正方形 $ABCD$ 中，F 为 DC 的中点，E 为 BC 上一点，且 $EC=\frac{1}{4}BC$，求证：$\angle EFA=90^\circ$.

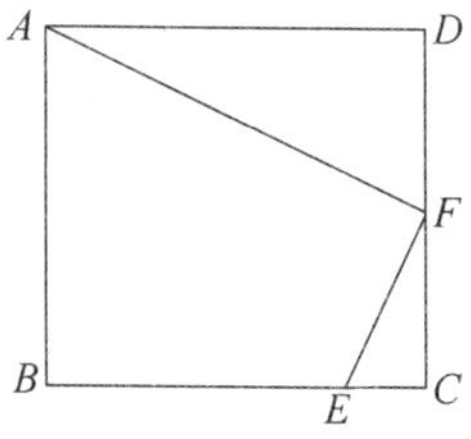

图 3-41

9. 已知 BD 是等腰三角形 ABC 的底角平分线，且 $AB=BC+CD$，求证：$\angle C=90^\circ$.

10. 如图 3-42 所示，在等腰 Rt$\triangle ABC$ 中 $\angle C=90^\circ$，D 是斜边 AB 上的任一点，$AE\perp CD$ 于点 E，$BF\perp CD$ 交 CD 的延长线于点 F，$CH\perp AB$ 于点 H，交 AE 于点 G. 求证：$BD=CG$.

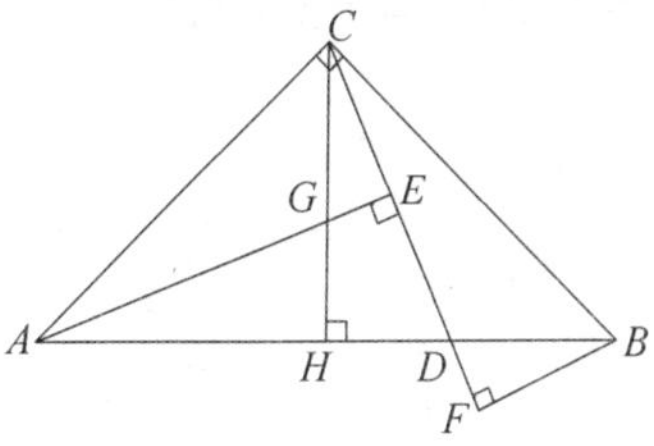

图 3-42

第三节　直线与圆、圆与圆的位置关系

设有直线 l 和圆心为 O 且半径为 r 的圆，怎样判断直线 l 和圆 O 的位置关系？

观察图 3-43，不难发现直线与圆的位置关系为：当圆心到直线的距离 $d>r$ 时，直线和圆相离，如圆 O 与直线 l_1；当圆心到直线的距离 $d=r$ 时，直线和圆相切，如圆 O 与直线 l_2；当圆心到直线的距离 $d<r$ 时，直线和圆相交，如圆 O 与直线 l_3.

在直线与圆相交时，设两个交点分别为点 A，B. 若直线经过圆心，则 AB 为直径；若直线不经过圆心，如图 3-44 所示，连接圆心 O 和弦 AB 的中点 M 的线段 OM 垂直于这条弦 AB，且在 Rt$\triangle OMA$ 中，OA 为圆的半径 r，OM 为圆心到直线的距离 d，MA 为弦长 AB 的一半，根据勾股定理，有

$$r^2-d^2=\left(\frac{AB}{2}\right)^2.$$

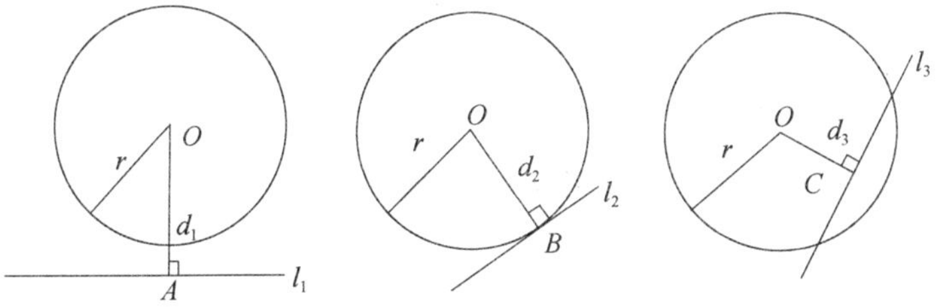

图 3-43

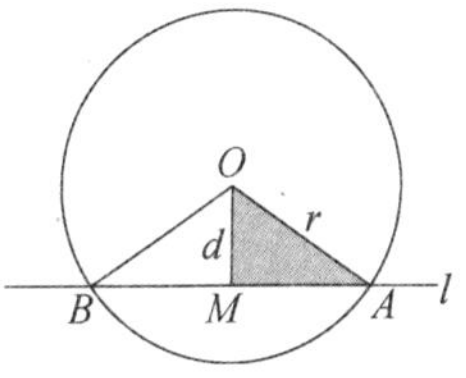

图 3-44

当直线与圆相切时，如图 3-45 所示，PA，PB 为圆 O 的切线，可得 $PA=PB$，$OA\perp PA$，且在 Rt$\triangle POA$ 中，$PO^2=PA^2+OA^2$.

如图 3-46 所示，PT 为圆 O 的切线，PA 为圆 O 的割线，我们可以证得 $\triangle PAT\backsim\triangle PTB$，

因而 $PT^2 = PA \cdot PB$.

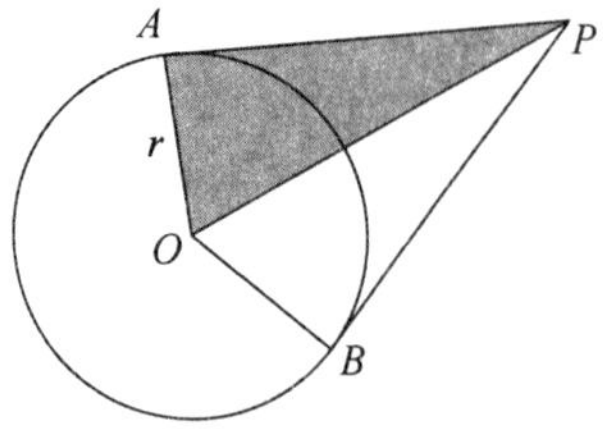

图 3-45

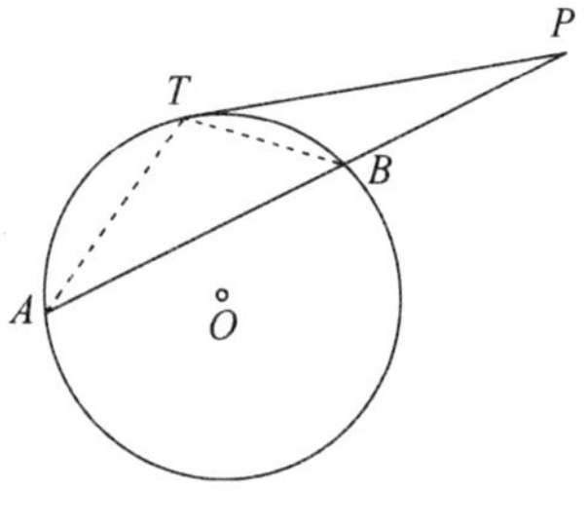

图 3-46

【例 1】 如图 3-47 所示，已知 $\odot O$ 的半径 $OB=5$ cm，弦 $AB=6$ cm，D 是$\overset{\frown}{AB}$ 的中点，求弦 BD 的长度.

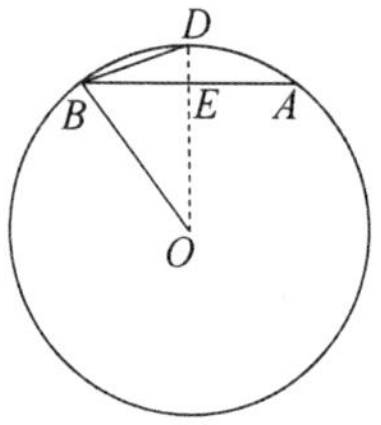

图 3-47

解： 连接 OD，交 AB 于点 E.

因为$\overset{\frown}{BD}=\overset{\frown}{AD}$，$O$是圆心，所以 $OD \perp AB$，$BE=AE=\frac{1}{2}AB=3$ cm.

在 Rt$\triangle BOE$ 中，因为 $OB=5$ cm，$BE=3$ cm，所以 $OE=\sqrt{OB^2-BE^2}=4$ cm.

因为 $OD=5$ cm，所以 $DE=1$ cm.

在 Rt$\triangle BDE$ 中，因为 $BE=3$ cm，$DE=1$ cm，所以 $BD=\sqrt{10}$ cm.

【例 2】 已知圆的两条平行弦的长度分别为 6 和 $2\sqrt{6}$，且这两条线的距离为 3，求这个圆的半径.

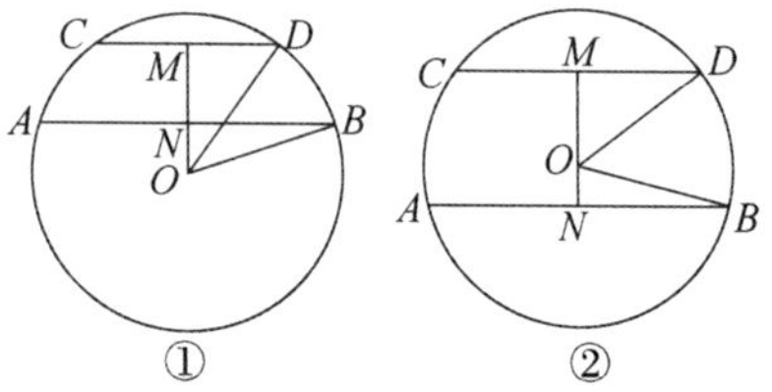

图 3-48

解： 设圆的半径为 r，分以下两种情况讨论：

(1)若圆心 O 在两条平行线的外侧，如图 3-48① 所示.

因为 $AB=6$，$CD=2\sqrt{6}$，

则由 $OM-ON=3$，得 $\sqrt{r^2-9}-\sqrt{r^2-24}=3$，解得 $r=5$.

(2)若圆心 O 在两条平行线的内侧(含线上)，如图 3-48② 所示，

因为 $AB=6$，$CD=2\sqrt{6}$，

则由 $OM+ON=3$，得 $\sqrt{r^2-9}+\sqrt{r^2-24}=3$，无解.

综合得，圆的半径为 5.

设圆 O_1 与圆 O_2 的半径分别为 R，$r(R \geqslant r)$，它们可能有哪几种位置关系呢？

观察图 3-49，两圆的圆心距为 O_1O_2，不难发现：当 $O_1O_2=R-r$ 时，两圆相内切，如图 ① 所示；当 $O_1O_2=R+r$ 时，两圆相外切，如图 ② 所示；当 $O_1O_2<R-r$ 时，两圆相内含，如图

③ 所示；当 $R-r<O_1O_2<R+r$ 时，两圆相交，如图 ④ 所示；当 $O_1O_2>R+r$ 时，两圆相外切，如图 ⑤ 所示.

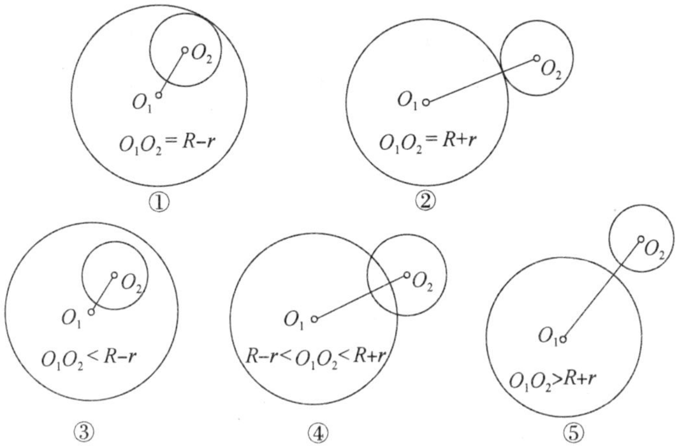

图 3-49

【例 3】 如图 3-50 所示，设圆 O_1 与圆 O_2 的半径分别为 3 和 2，$O_1O_2=4$，A，B 为两圆的交点，试求两圆的公共弦 AB 的长度.

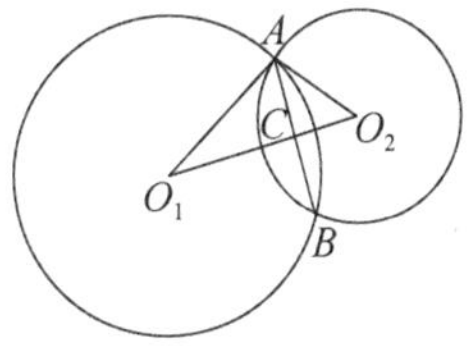

图 3-50

解：连接 AB 交 O_1O_2 于点 C，则 $O_1O_2\perp AB$，且 C 为 AB 的中点.

设 $AC=x$，则 $O_1C=\sqrt{9-x^2}$，$O_2C=\sqrt{4-x^2}$，$O_1O_2=\sqrt{9-x^2}+\sqrt{4-x^2}=4$，解得 $x=\dfrac{3\sqrt{15}}{8}$.

故弦 AB 的长为 $2x=\dfrac{3\sqrt{15}}{4}$.

习题 3.3

1. 选择题：

(1)已知弓形弦的长为 4，弓形高为 1，则弓形所在圆的半径为 （　　）

A. $\sqrt{3}$　　B. $\dfrac{5}{2}$　　C. 3　　D. 4

(2)在半径为 4 的圆中，垂直平分半径的弦长为 （　　）

A. $4\sqrt{3}$　　B. $3\sqrt{3}$　　C. $2\sqrt{3}$　　D. $\sqrt{3}$

(3) AB 为 $\odot O$ 的直径，弦 $CD\perp AB$，E 为垂足. 若 $BE=6$，$AE=4$，则 CD 等于 （　　）

A. $2\sqrt{21}$　　B. $4\sqrt{6}$　　C. $8\sqrt{2}$　　D. $2\sqrt{6}$

2. 如图 3-51 所示，$\odot O$ 的半径为 17 cm，弦 $AB=30$ cm，AB 所对的劣弧和优弧的中点分别为 D，C，求弦 AC 和 BD 的长.

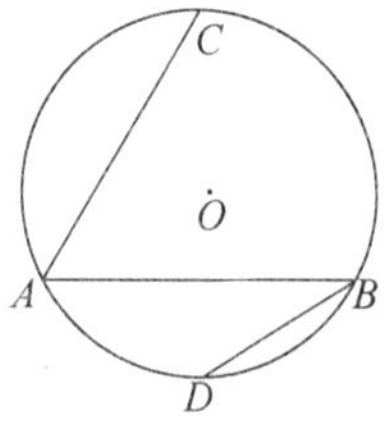

图 3-51

3. 已知四边形 $ABCD$ 是 $\odot O$ 的内接梯形，$AB\parallel CD$，$AB=8$ cm，$CD=6$ cm，$\odot O$ 的半径为 5 cm，求梯形 $ABCD$ 的面积.

4. 如图 3-52 所示，$\odot O$ 的直径 AB 和弦 CD 相交于点 E，$AE=1$ cm，$EB=5$ cm，$\angle DEB=60°$，求 CD 的长.

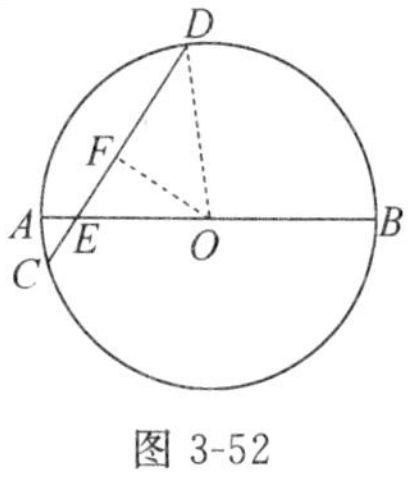

图 3-52

5. 若两圆的半径分别为 3 和 8，圆心距为 13，试求两圆的公切线的长度.

6. 如图 3-53 所示，在 $\odot O$ 中，E 是弦 AB 延长线上的一点，已知 $OB=10$ cm，$OE=12$ cm，$\angle OEB=30°$，求 AB 的长.

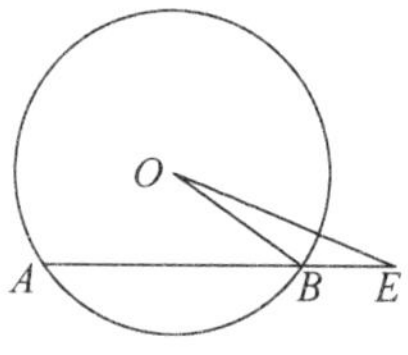

图 3-53

7. 如图 3-54 所示，已知在 Rt$\triangle ABC$ 中，$\angle C=90^\circ$，$AC=5$ cm，$BC=12$ cm，以 C 为圆心、CA 为半径的圆交斜边于点 D，求 AD 的长.

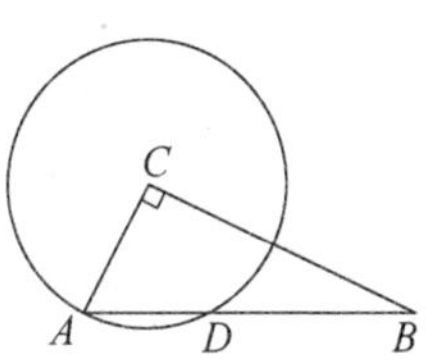

图 3-54

8. 如图 3-55 所示，在直径为 100 mm 的半圆铁片上切去一块高为 20 mm 的弓形铁片，求弓形弦 AB 的长.

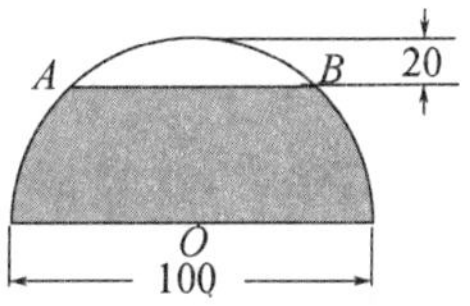

图 3-55

9. 如图 3-56 所示，$\triangle ABC$ 内接于 $\odot O$，D 为 $\overset{\frown}{BC}$ 的中点，$AE\perp BC$ 于点 E，求证：AD 平分 $\angle OAE$.

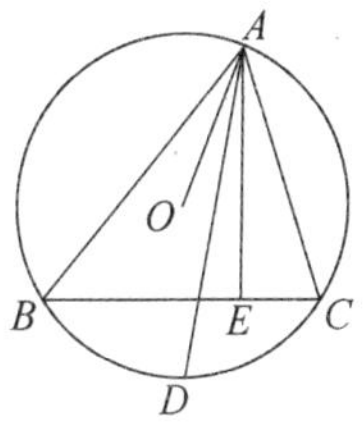

图 3-56

10. 如图 3-57 所示，$\angle AOB=90^\circ$，C，D 是 $\overset{\frown}{AB}$ 的三等分点，AB 分别交 OC，OD 于点 E，F，求证：$AE=BF=CD$.

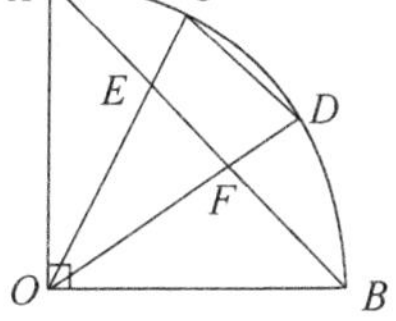

图 3-57

第四节　高中视角下的点的轨迹

一、初中点的轨迹

在几何中，点的轨迹就是点按照某个条件运动形成的图形，它是由符合某个条件的所有点组成的. 例如，把长度为 r 的线段的一个端点固定，另一个端点绕这个定点旋转一周就得到一个圆，这个圆上的每一个点到定点的距离都等于 r；同时，到定点的距离等于 r 的所有点都在这个圆上. 这个圆就叫作到定点的距离等于定长 r 的点的轨迹.

我们把符合某一条件的所有的点组成的图形，叫作符合这个条件的点的轨迹. 这里含有两层意思：(1)图形是由符合条件的那些点组成的，也就是说，图形上的任何一点都满足条件；(2)图形包含了符合条件的所有的点，也就是说，符合条件的任何一点都在图形上.

下面我们讨论一些常见的平面内的点的轨迹.

从上面对圆的讨论，可以得出：

(1)到定点的距离等于定长的点的轨迹是以定点为圆心、定长为半径的圆.

我们已经学过，线段垂直平分线上的每一点，到线段两个端点的距离相等；反过来，到线段两个端点的距离相等的点，都在这条线段的垂直平分线上. 所以有下面的轨迹：

(2)到已知线段两个端点的距离相等的点的轨迹，是这条线段的垂直平分线.

由角平分线性质定理和它的逆定理，同样可以得到另一个轨迹：

(3)到已知角的两边距离相等的点的轨迹，是这个角的平分线.

【例 1】　已知 $\odot O$ 过两个已知点 A,B，则圆心 O 的轨迹是什么？

分析：如图 3-58 所示，如果以点 O 为圆心的圆经过点 A,B，那么 $OA=OB$；反过来，如果点 O 到 A,B 两点的距离相等，即 $OA=OB$，那么以 O 为圆心、OA 为半径的圆一定经过 A,B 两点.

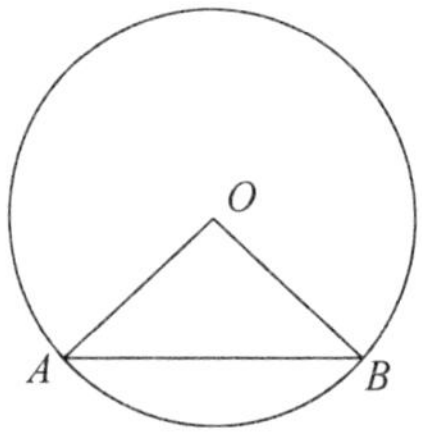

图 3-58

这就是说，过 A,B 两点的圆的圆心的轨迹，就是到 A,B 两点的距离相等的点的轨迹，即到线段 AB 两个端点的距离相等的点的轨迹.

解：经过 A,B 两点的圆的圆心 O 的轨迹是线段 AB 的垂直平分线.

【例 2】　求下列点的轨迹：

(1)当 Rt$\triangle ABC$ 的斜边 AB 固定时，求直角顶点 C 的轨迹；

(2)已知 $\odot O$ 及弦 AB，求与 AB 平行的弦的中点的轨迹.

解：(1)如图 3-59 所示，设 O 为 AB 的中点，连接 CO，则 $CO=\frac{1}{2}AB$. 因为 AB 固定，所以 O 为定点，CO 为定长. 由"到定点的距离等于定长的点的轨迹，是以定点为圆心、定长为半径的圆"，得所求轨迹是以 AB 为直径的圆.

由于圆上的 A，B 两点不能作为以 AB 为斜边的直角三角形的直角顶点，故应除去.

(2)如图3-60 所示，动点是与 AB 平行的弦的中点，不变量是 $\odot O$ 的弦 AB，根据垂径定理，弦的中点到 A，B 两点的距离相等，由此得，所求中点的轨迹是与弦 AB 垂直的直径(除去两端点及 AB 的中点).

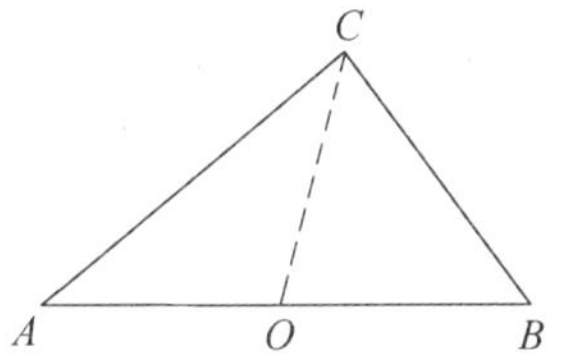

图 3-59

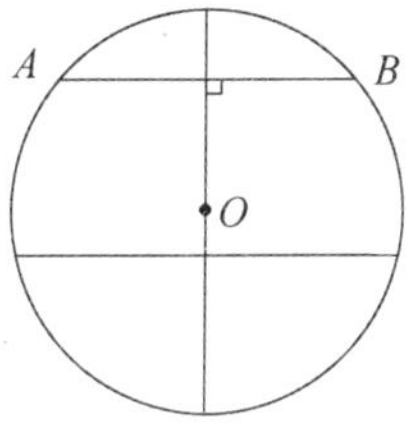

图 3-60

求适合某个条件的点的轨迹的基本思路是把题设中的条件转化为某一个轨迹定理的条件，从而根据轨迹定理的结论得出所求轨迹. 在求出轨迹后，要检查所得的图形中是否包含了某些不合题意的点，如果有，则应当将它们除去.

二、高中点的轨迹

在高中，点的轨迹常与动点的坐标满足的关系有关. 在平面直角坐标系中，如果某曲线 C(看作点的集合或适合某种条件的点的轨迹)上点的坐标与一个二元方程 $f(x,y)=0$ 的实数解满足如下关系：

(1)曲线上点的坐标都是这个方程的解；

(2)以这个方程的解为坐标的点都是曲线上的点，那么这个方程叫作曲线的方程，这条曲线叫作方程的曲线.

在平面直角坐标系中，平面上两点间的距离公式为 $d=\sqrt{(x_2-x_1)^2+(y_2-y_1)^2}$.

点到直线的距离公式：点 $P(x_1,y_1)$ 到直线 $l:Ax+By+C=0$ 的距离 $d=\frac{|Ax_1+By_1+C|}{\sqrt{A^2+B^2}}$.

下面利用代数法求点的轨迹问题，你能尝试解决吗？

【例 3】 已知一曲线是与两个定点 $O(0,0)$，$A(3,0)$距离的比为$\frac{1}{2}$的点的轨迹，求此曲线的方程，并画出曲线.

分析：在求出曲线方程之前，很难确定曲线的类型，所以应按照求曲线方程的一般步骤先将曲线方程求出.

解：在给定的坐标系里，设点 $M(x,y)$ 是曲线上的任意一点，也就是说，点 M 属于集合 $P=\left\{M\left|\frac{|OM|}{|AM|}=\frac{1}{2}\right.\right\}$. 即 $\frac{\sqrt{x^2+y^2}}{\sqrt{(x-3)^2+y^2}}=\frac{1}{2}$，$\frac{x^2+y^2}{(x-3)^2+y^2}=\frac{1}{4}$.

整理，得 $x^2+y^2+2x-3=0$，

故所求曲线方程为 $x^2+y^2+2x-3=0$.

将其左边配方，得 $(x+1)^2+y^2=4$.

所以此曲线是以点 $C(-1,0)$ 为圆心、2 为半径的圆，如图3-61所示.

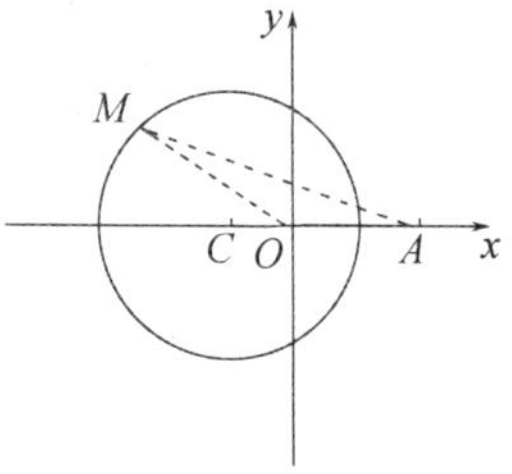

图 3-61

欲解决此问题，要根据题目的条件，建立适当的平面直角坐标系，设出动点坐标，并找出动点坐标所满足的关系式.

【例 4】 已知动圆过定点 $A(4,0)$，且在 y 轴上截得的弦 MN 的长为 8，求动圆圆心的轨迹 C 的方程.

解：如图 3-62 所示，设动圆的圆心为 $O_1(x,y)$，

由题意，$|O_1A|=|O_1M|$.

当 O_1 不在 y 轴上时，过 O_1 作 $O_1H\perp MN$ 交 MN 于点 H，则 H 是 MN 的中点，

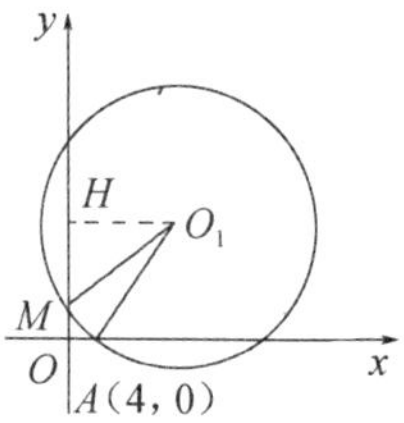

图 3-62

所以 $|O_1M|=\sqrt{x^2+4^2}$.

又因为 $|O_1A|=\sqrt{(x-4)^2+y^2}$，

所以 $\sqrt{(x-4)^2+y^2}=\sqrt{x^2+4^2}$，化简得 $y^2=8x(x\neq 0)$.

当 O_1 在 y 轴上时，O_1 与 O 重合，点 O_1 的坐标 $(0,0)$ 也满足方程 $y^2=8x$，

所以动圆圆心的轨迹 C 的方程为 $y^2=8x$.

利用直接法求解轨迹方程的关键是根据条件准确列出方程，然后进行化简. 但应注意的问题是，在用直接法求轨迹方程时，化简过程有时会破坏方程的同解性，此时就要补上遗漏的点或删除多余的点，这是不能忽视的. 若方程的化简过程是恒等变形，则最后的验证可以省略.

习题 3.4

1. 画图说明满足下列条件的点的轨迹：

(1)到定点 A 的距离等于 3 cm 的点的轨迹；

(2)到直线 l 的距离等于 2 cm 的点的轨迹；

(3)已知直线 $AB \parallel CD$，到 AB，CD 的距离相等的点的轨迹.

2. 求下列点的轨迹，并画出图形.

(1)在半径为 5 cm 的定圆中，长为 6 cm 的动弦的中点的轨迹；

(2)与相交于 A，B 两点的等圆都外切的动圆圆心的轨迹.

3. 已知线段 $AB=4$ cm，画出到点 A 的距离等于 3 cm 的点的轨迹，再画出到点 B 的距离等于 2 cm 的点的轨迹，并指出到点 A 的距离等于 3 cm，且到点 B 的距离等于 2 cm 的点有几个.

4. 已知动点 $P(x,y)$ 到定点 $A(3,4)$的距离比 P 到 x 轴的距离多 1 个单位长度，求动点 P 的轨迹方程.

5. 已知 $\triangle ABC$ 的顶点 $B(0,0)$，$C(5,0)$，AB 边上的中线长 $|CD|=3$，求顶点 A 的轨迹方程.

6. 已知 $\odot O$ 的方程为 $x^2+y^2=4$，过点 $M(4,0)$的直线与 $\odot O$ 交于 A，B 两点，求弦 AB 的中点 P 的轨迹方程.

参考答案

第二章

习题 2.1

1. (1)$\frac{1}{3}a-\frac{1}{2}b$　　(2)$\frac{1}{2}$　$\frac{1}{4}$　　(3) $4ab-2ac-4bc$

2. (1)D　　(2)A

3. 1

4. (1) $(a+1)(a^2-a+1)$　　(2) $(2x+3)(2x-3)(x+1)(x-1)$

   (3) $(b+c)(b+c+2a)$　　(4) $(3y-y+4)(x+2y-1)$

5. (1)$\left(x-\frac{5+\sqrt{13}}{2}\right)\left(x-\frac{5-\sqrt{13}}{2}\right)$　(2)$(x-\sqrt{2}-\sqrt{5})(x-\sqrt{2}+\sqrt{5})$

   (3)$3\left(x+\frac{2-\sqrt{7}}{3}y\right)\left(x+\frac{2+\sqrt{7}}{3}y\right)$　(4)$(x-3)(x+1)(x-1-\sqrt{5})(x-1+\sqrt{5})$

6. $(x-a+1)(x+a)$

7. 等边三角形

习题 2.2

1. (1)C　(2)C　(3)C　(4)B　(5)A　(6)C　(7)B

2. (1)$\frac{17}{4}$　(2)6　(3)$\sqrt{3}$　(4)2006　(5)-3　(6)12

3. 当 $m>-\frac{1}{4}$ 且 $m\neq 0$ 时,方程有两个不相等的实数根;当 $m=-\frac{1}{4}$ 时,方程有两个相等的实数根;当 $m<-\frac{1}{4}$ 时,方程没有实数根.

4. (1) $\begin{cases} x_1 = 2, \\ y_1 = 0 \end{cases}$ 或 $\begin{cases} x_2 = \dfrac{10}{3}, \\ y_2 = \dfrac{4}{3} \end{cases}$ (2) $\begin{cases} x_1 = 0, \\ y_1 = 0 \end{cases}$ 或 $\begin{cases} x_2 = \dfrac{24}{5}, \\ y_2 = -\dfrac{12}{5} \end{cases}$

5. (1)因为 $\Delta = (-k)^2 - 4 \times 1 \times (-2) = k^2 + 8 > 0$，所以方程一定有两个不相等的实数根.

(2)因为 $x_1 + x_2 = k, x_1x_2 = -2$，所以 $2k > -2$，即 $k > -1$.

6. (1) $|x_1 - x_2| = \dfrac{\sqrt{b^2 - 4ac}}{|a|}, \dfrac{x_1 + x_2}{2} = -\dfrac{b}{2a}$.

(2) $x_1^3 + x_2^3 = \dfrac{3abc - b^3}{a^3}$.

7. 消去 y，得 $4x^2 + 4(m-1)x + m^2 = 0$.

当 $\Delta = 16(m-1)^2 - 16m^2 = 0$，即 $m = \dfrac{1}{2}$ 时，方程组有一个实数解. 将 $m = \dfrac{1}{2}$ 代入原方程组，得方程组的解为 $\begin{cases} x = \dfrac{1}{4}, \\ y = 1. \end{cases}$

8. (1)因为 $\Delta = (m-2)^2 + 4 \cdot \dfrac{m^2}{4} = 2(m-1)^2 + 2 > 0$，所以方程有两个相异实数根.

(2)因为 $x_1x_2 = -\dfrac{m^2}{4} \leqslant 0$，所以 $x_1 \leqslant 0, x_2 \geqslant 0$ 或 $x_1 \geqslant 0, x_2 \leqslant 0$.

①若 $x_1 \leqslant 0, x_2 \geqslant 0$，则 $x_2 = -x_1 + 2$，所以 $x_1 + x_2 = 2$，所以 $m - 2 = 2$，则 $m = 4$. 此时，方程为 $x^2 - 2x - 4 = 0$，所以 $x_1 = 1 + \sqrt{5}, x_2 = 1 - \sqrt{5}$.

②若 $x_1 \geqslant 0, x_2 \leqslant 0$，则 $-x_2 = x_1 + 2$，所以 $x_1 + x_2 = -2$，所以 $m - 2 = -2$，则 $m = 0$. 此时，方程为 $x^2 + 2x = 0$，所以 $x_1 = 0, x_2 = -2$.

9. 设方程的两个根分别为 x_1, x_2，则 $x_1 + x_2 = -1, x_1x_2 = a$，由一个根大于1、另一个根小于1，得 $(x_1 - 1)(x_2 - 1) < 0$，即 $x_1x_2 - (x_1 + x_2) + 1 < 0$，所以 $a - (-1) + 1 < 0$，解得 $a < -2$. 此时，$\Delta = 1^2 - 4 \times (-2) > 0$.

所以实数 a 的取值范围是 $a < -2$.

习题 2.3

1. D

2. (1) $y = x^2 + x - 2$ (2) $y = -x^2 + 2x + 3$

3. (1) $y = 2x^2 - x - 1$ (2) $y = 4(x-1)^2 - 3 = 4x^2 - 8x + 1$

(3) $y=\frac{1}{5}(x+3)(x-5)=\frac{1}{5}x^2-\frac{2}{5}x-3$ (4) $y=\frac{1}{2}(x-3)^2-2=\frac{1}{2}x^2-3x+\frac{5}{2}$

习题 2.4

1. (1)D (2)D

2. (1)4 0 (2)4 14 或 2 $\frac{3}{2}$ (3)下 $x=-2$ $(-2,5)$ -2 大 $5>-2$

3. 略

习题 2.5

1. (1)C (2)D

2. (1)最大值为 5，无最小值 (2)最大值为 6，无最小值 (3)最大值为 6，最小值为 2 (4)最大值为 5，最小值为 −10

3. $a=2$，$b=-2$

4. $a=-\frac{1}{4}$ 或 $a=-1$

5. 当 $t\leqslant 0$ 时，$y_{\max}=2-2t$，此时 $x=1$；当 $t>0$ 时，$y_{\max}=2+2t$，此时 $x=-1$.

6. 解：$f(x)=x^2-2ax+1,x\in[-1,3]$ 的对称轴为 $x=a$，$f(-1)=2+2a$，$f(3)=10-6a$，$f(a)=1-a^2$.

若 $a>3$，则 $f(3)\leqslant f(x)\leqslant f(-1)$，即 $f(x)\in[10-6a,2+2a]$；

若 $1<a\leqslant 3$，则 $f(a)\leqslant f(x)\leqslant f(-1)$，即 $f(x)\in[1-a^2,2+2a]$；

若 $-1<a\leqslant 1$，则 $f(a)\leqslant f(x)\leqslant f(3)$，即 $f(x)\in[1-a^2,10-6a]$；

若 $a\leqslant -1$，则 $f(-1)\leqslant f(x)\leqslant f(3)$，即 $f(x)\in[2+2a,10-6a]$.

习题 2.6

1. (1) $\{x|x<-1$ 或 $x>6\}$ (2) $\left\{x\middle|x=\frac{1}{2}\right\}$ (3) $\{x\mid 1<x<6\}$ (4) 解集为 **R** (5) 解集为 $\varnothing$ (6) $\{x|-1\leqslant x\leqslant 5\}$

2. D

3. D

4. $\left(-\infty,\frac{1}{2}\right)\cup(1,+\infty)$

5. $a=1,b=3$

6. 解：原不等式可化为$(ax-2)(x-2)>0$.当$a=0$时，原不等式的解集为$\{x\mid x<2\}$；当$0<a<1$时，原不等式的解集为$\left\{x\mid x>\frac{2}{a}\text{或}x<2\right\}$；当$a=1$时，原不等式的解集为$\{x\mid x\neq 2\}$；当$a>1$时，原不等式的解集为$\left\{x\mid x>2\text{或}x<\frac{2}{a}\right\}$；当$a<0$时，原不等式的解集为$\left\{x\,\middle|\,\frac{2}{a}<x<2\right\}$.

习题 2.7

1. (1)D　(2)A　(3)C
2. $\left(-\frac{23}{5},+\infty\right)$
3. $\left\{m\,\middle|\,m<\frac{6}{7}\right\}$
4. $x<1$ 或 $x>3$
5. $(-\infty,2)\cup(4,+\infty)$
6. (1) $[12,18]$　(2)$\left(-\infty,-\frac{25}{12}\right]$

习题 2.8

1. (1)D　(2)A
2. (1)$-1-\frac{\sqrt{2}}{2}<m<-1+\frac{\sqrt{2}}{2}$　(2)$m<-2$ 或 $m\geqslant 5+2\sqrt{6}$

3. 解：(1)由条件知，抛物线$f(x)=x^2+2mx+2m+1$与x轴的交点分别在区间$(-1,0)$和$(1,2)$内，画出示意图(见右图)，得

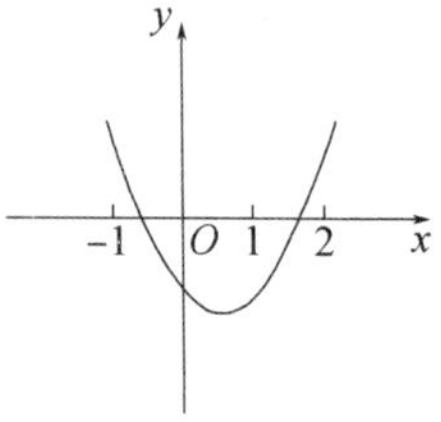

第 3 题图

$$\begin{cases}f(0)=2m+1<0,\\ f(-1)=2>0,\\ f(1)=4m+2<0,\\ f(2)=6m+5>0\end{cases}\Rightarrow\begin{cases}m<-\frac{1}{2},\\ m\in\mathbf{R},\\ m<-\frac{1}{2},\\ m>-\frac{5}{6}.\end{cases}$$

所以$-\frac{5}{6}<m<-\frac{1}{2}$.

(2)由抛物线与x轴的交点落在区间$(0,1)$内，列不等式组，得

$$\begin{cases} f(0)>0, \\ f(1)>0, \\ \Delta \geqslant 0, \\ 0<-m<1 \end{cases} \Rightarrow \begin{cases} m>-\dfrac{1}{2}, \\ m>-\dfrac{1}{2}, \\ m \geqslant 1+\sqrt{2} \text{ 或 } m \leqslant 1-\sqrt{2}, \\ -1<m<0. \end{cases}$$

所以 $-\dfrac{1}{2}<m \leqslant 1-\sqrt{2}$.

4. 解：设 $f(x)=(2m+1)x^2-2mx+(m-1)$，由于 $f(x)$ 是二次函数，所以 $2m+1 \neq 0$，即 $m \neq -\dfrac{1}{2}$. $f(x)=0$ 在 $(1,2)$ 上有且仅有一个实根当且仅当 $f(1) \cdot f(2)<0 \Leftrightarrow (5m+3)(m-2)<0 \Leftrightarrow -\dfrac{3}{5}<m<2$.

综上可得 m 的取值范围是 $-\dfrac{3}{5}<m<0$ 且 $m \neq -\dfrac{1}{2}$.

5. 证明：(1)
$$\begin{aligned} pf\left(\frac{m}{m+1}\right) &= p\left[p\left(\frac{m}{m+1}\right)^2+q\left(\frac{m}{m+1}\right)+r\right] \\ &= pm\left[\frac{pm}{(m+1)^2}+\frac{q}{m+1}+\frac{r}{m}\right] \\ &= pm\left[\frac{pm}{(m+1)^2}-\frac{p}{m+2}\right] \\ &= p^2m\left[\frac{m(m+2)-(m+1)^2}{(m+1)^2(m+2)}\right] \\ &= p^2m\frac{-1}{(m+1)^2(m+2)}, \end{aligned}$$

由于 $f(x)$ 是二次函数，故 $p \neq 0$. 又因为 $m>0$，所以 $pf\left(\dfrac{m}{m+1}\right)<0$.

(2) 由题意，得 $f(0)=r$，$f(1)=p+q+r$.

①当 $p>0$ 时，由 (1) 知 $f\left(\dfrac{m}{m+1}\right)<0$. 若 $r>0$，则 $f(0)>0$，又因为 $f\left(\dfrac{m}{m+1}\right)<0$，所以 $f(x)=0$ 在 $\left(0, \dfrac{m}{m+1}\right)$ 内有解；若 $r \leqslant 0$，则 $f(1)=p+q+r=p+(m+1)\left(-\dfrac{p}{m+2}-\dfrac{r}{m}\right)+r=\dfrac{p}{m+2}-\dfrac{r}{m}>0$，又因为 $f\left(\dfrac{m}{m+1}\right)<0$，所以 $f(x)=0$ 在 $\left(\dfrac{m}{m+1}, 1\right)$ 内有解.

②当 $p<0$ 时同理可证.

故方程 $f(x)=0$ 在 $(0,1)$ 内恒有解.

习题 2.9

1. (1)B　　(2)B

2. 13

3. (1)$x<-2$ 或 $x>4$　　(2)$-4<x<3$

　(3) $x<\frac{3}{5}$ 或$x>5$　　(4) $\frac{4}{3}<x<2$

4. (1)其顶点坐标为$\left(-\frac{1}{2},1\right)$,且过$(-1,0)$,$(0,0)$ 两点,图象如右图所示.

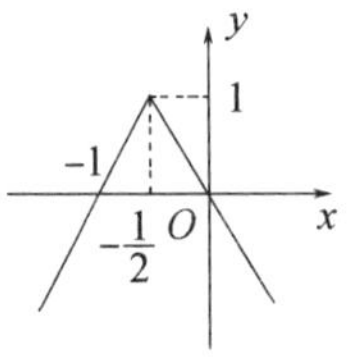

第 4(1)题图

(2)该函数可化成如下的分段函数:

$$y=|2x-1|+|2x+1|=\begin{cases}4x, & x\geqslant\frac{1}{2},\\ 2, & -\frac{1}{2}<x<\frac{1}{2},\\ -4x, & x\leqslant-\frac{1}{2},\end{cases}$$

作出其图象如下图所示.

(3)该函数可化成如下的分段函数:

$$y=|x|+|x-1|+|x-2|=\begin{cases}3x-3, & x>2,\\ x+1, & 1<x\leqslant 2,\\ 2, & x=1,\\ -x+3, & 0<x\leqslant 1,\\ -3x+3, & x\leqslant 0.\end{cases}$$

作出其图象如下图所示.

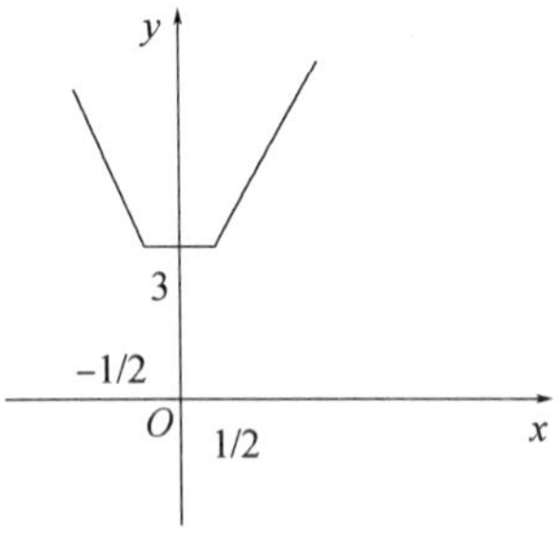

第 4(2)题图

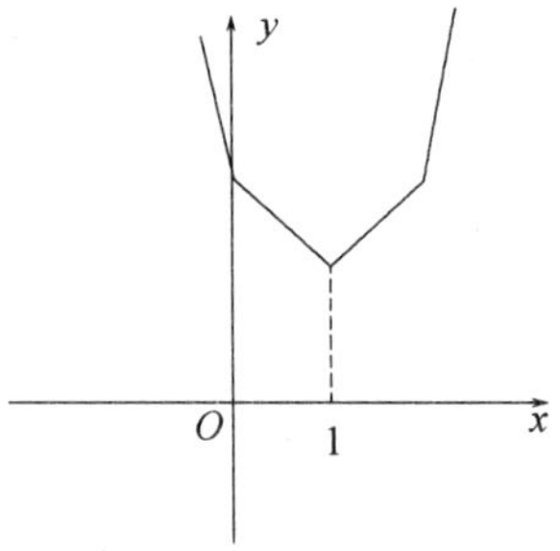

第 4(3)题图

5. 解:设 $M(x,0)$,则它到 A,B,C 三点的距离之和为

$f(x)=|x+1|+|x-2|+|x-5|$，即 $f(x)=\begin{cases}3x-6, & x\geqslant 5,\\ x+4, & 2\leqslant x<5,\\ -x+8, & -1\leqslant x<2,\\ -3x+6, & x<-1.\end{cases}$

画出图象可知，当 $x=2$ 时，$f(x)_{\min}=6$.

习题 2.10

(1) $\{x\mid -1<x<0$ 或 $2<x<3\}$

(2) $\{x\mid x>2$ 或 $x<-4$ 且 $x\neq 5\}$

(3) $\{x\mid -1\leqslant x\leqslant 3$ 或 $x=-2\}$

(4) $\{x\mid -2.5<x<0$ 或 $x>3\}$

习题 2.11

1. (1)B　(2)A

2. (1) $x\leqslant -1$ 或 $x>1$　(2) $x<\frac{1}{2}$ 或 $x>3$　(3) $x<-2$ 或 $x>0$　(4) $x>-\frac{1}{2}$

3. (1) $\left\{x\mid x<\frac{1}{3}\right.$ 或 $\frac{1}{2}\leqslant x\leqslant 1$ 或 $\left.x>2\right\}$　(2) $\{x\mid x<-2$ 或 $1\leqslant x\leqslant 2$ 或 $x>3\}$

4. $\{x\mid x\leqslant 0$ 或 $1<x<2\}$

5. $1<k<3$

6. $\frac{99}{100}$

7. 提示：$\frac{1}{n(n+1)(n+2)}=\frac{1}{2}\left[\frac{1}{n(n+1)}-\frac{1}{(n+1)(n+2)}\right]$

习题 2.12

1. (1) $\sqrt{3}-2$　(2) $3\leqslant x\leqslant 5$

2. C

3. $>$

4. (1) $x^{\frac{2}{3}}$　(2) $(a+b)^{\frac{3}{4}}$　(3) $(m-n)^{\frac{2}{3}}$　(4) $(m-n)^2$　(5) $p^3\cdot q^{\frac{5}{2}}$　(6) $m^{\frac{5}{2}}$

5. (1) -3　(2) $4-\pi$　(3) $|a^3|$

(4) $\sqrt{\left(\frac{x-1}{3-x}\right)^2}=\left|\frac{x-1}{3-x}\right|=\begin{cases}\frac{x-1}{3-x}, & 1\leqslant x<3,\\ \frac{x-1}{x-3}, & x<1 \text{ 或 } x>3\end{cases}$

6. (1)125　(2)9　(3)$\left(\frac{36}{49}\right)^{\frac{3}{2}}=\left[\left(\frac{6}{7}\right)^{2}\right]^{\frac{3}{2}}=\left(\frac{6}{7}\right)^{2\times\frac{3}{2}}=\left(\frac{6}{7}\right)^{3}=\frac{6^3}{7^3}=\frac{216}{343}$

(4)$\left(\frac{25}{4}\right)^{-\frac{3}{2}}=\left[\left(\frac{5}{2}\right)^{2}\right]^{-\frac{3}{2}}=\left(\frac{5}{2}\right)^{2\times\left(-\frac{3}{2}\right)}=\left(\frac{5}{2}\right)^{-3}=\left(\frac{2}{5}\right)^{3}=\frac{2^3}{5^3}=\frac{8}{125}$

(5)$\sqrt[4]{81\times\sqrt{9^{\frac{2}{3}}}}=\sqrt[4]{3^4\times[(3^2)^{\frac{2}{3}}]^{\frac{1}{2}}}=\sqrt[4]{3^4\times3^{\frac{2}{3}\times2\times\frac{1}{2}}}=\sqrt[4]{3^4\times3^{\frac{2}{3}}}=(3^4\times3^{\frac{2}{3}})^{\frac{1}{4}}$

$=(3^4)^{\frac{1}{4}}\times(3^{\frac{2}{3}})^{\frac{1}{4}}=3\times3^{\frac{1}{6}}=3\sqrt[6]{3}$

(6)6

习题 2.13

1. (1)B　(2)A　(3)D　(4)B　(5)C
2. $(0,+\infty)$
3. 图略
4. 解：(1) 当 $a=1$ 时，$f(x)=x^2-|x|+1=\begin{cases}x^2+x+1, & x<0,\\ x^2-x+1, & x\geqslant 0,\end{cases}$ 图略.

(2)当 $x\in[1,2]$ 时，$f(x)=ax^2-x+2a-1$.

若 $a=0$，则 $f(x)=-|x|-1$ 在区间$[1,2]$上是减函数，$g(a)=f(2)=-3$.

若 $a>0$，则 $f(x)=a\left(x-\frac{1}{2a}\right)^2+2a-\frac{1}{4a}-1$，$f(x)$ 图象的对称轴是直线 $x=\frac{1}{2a}$.

当 $0<\frac{1}{2a}<1$，即 $a>\frac{1}{2}$ 时，$f(x)$ 在区间$[1,2]$上是增函数，$g(a)=f(1)=3a-2$；

当 $1\leqslant\frac{1}{2a}\leqslant 2$，即$\frac{1}{4}\leqslant a\leqslant\frac{1}{2}$ 时，$g(a)=f\left(\frac{1}{2a}\right)=2a-\frac{1}{4a}-1$；

当$\frac{1}{2a}>2$，即 $0<a<\frac{1}{4}$ 时，$f(x)$ 在区间$[1,2]$上是减函数，$g(a)=f(2)=6a-3$.

综上可得 $g(a)=\begin{cases}6a-3, & 0\leqslant a<\frac{1}{4},\\ 2a-\frac{1}{4a}-1, & \frac{1}{4}\leqslant a\leqslant\frac{1}{2},\\ 3a-2, & a>\frac{1}{2}.\end{cases}$

习题 2.14

1. (1)B　(2)C

(3)C　解析：设 $AD=x$ m，则 $CD=(16-x)$m，则 $S=x(16-x)=-x^2+16x$

$=-(x-8)^2+64$. 由题意知$\begin{cases}x\geqslant a,\\16-x\geqslant 4,\end{cases}$解得 $a\leqslant x\leqslant 12$.

当 $0<a<8$ 时,在 $x=8$ 处,$S_{\max}=64$,所以 $f(a)=S_{\max}=64$;

当 $8\leqslant a<12$ 时,在 $x=a$ 处,$S_{\max}=-a^2+16a=f(a)$.

综上可知,$f(a)=\begin{cases}64, & 0<a<8,\\-a^2+16a, & 8\leqslant a<12,\end{cases}$ 故选 C.

2. $\frac{l^2}{16}\ \mathrm{m}^2$

3. 解:(1)设一次订购 x_0 个零件时,单价恰好降为 51 元,则 $x_0=100+\frac{60-51}{0.02}=550$. 因此,当一次订购 550 个零件时,零件的实际出厂单价恰好降为 51 元.

(2)当 $0<x\leqslant 100$ 时,$P=60$;当 $100<x<550$ 时,$P=60-0.02(x-100)=62-\frac{x}{50}$;当 $x\geqslant 550$ 时,$P=51$. 所以 $P=f(x)=\begin{cases}60, & 0<x\leqslant 100,\\62-\frac{x}{50}, & 100<x<550,\\51, & x\geqslant 550\end{cases}$ $(x\in\mathbf{N})$.

(3)设销售商一次订购 x 个零件时,厂家获利为 S 元,则

$$S=(P-40)x=\begin{cases}20x, & 0<x\leqslant 100,\\22x-\frac{x^2}{50}, & 100<x<550,\\11x, & x\geqslant 550\end{cases}(x\in\mathbf{N}).$$

所以当 $x=500$ 时,$S=22\times 500-\frac{500^2}{50}=6\ 000$;当 $x=1\ 000$ 时,$S=11\times 1\ 000=11\ 000$. 因此当销售商一次订购 500 个零件时,该厂获得的利润是 6 000 元;如果订购 1 000 个,利润是 11 000 元.

第三章

习题 3.1

1. (1)D (2)B (3)C (4)C (5)A

2. 12, 18

3. 因为$\frac{AB}{AC}=\frac{BD}{DC}=\frac{5}{4}$,所以$BD=\frac{35}{9}$ cm.

4. 证明:过点C作$CF\parallel AB$交AD于点F,则$\frac{AB}{CF}=\frac{BD}{DC}$.又因为$\angle AFC=\angle FAE=\angle FAC$,则$AC=CF$,所以$\frac{AB}{AC}=\frac{BD}{DC}$.

5. 证明:作$EG\parallel AB$交BC于点G,因为$\triangle CEG\backsim\triangle CAB$,所以$\frac{EG}{AB}=\frac{CE}{AC}$,即$\frac{AC}{AB}=\frac{CE}{EG}=\frac{DB}{EG}$,所以$\frac{DF}{EF}=\frac{AC}{AB}$.

6. 解:因为$S_{\triangle ABC}=\frac{1}{2}\times 3\times 4=6$,所以$S_{\triangle A'B'C'}=\left(\frac{15}{5}\right)^2\times 6=54$.

7. 解:(1) 因为$EH\mathrel{\underline{\parallel}}\frac{1}{2}BD\mathrel{\underline{\parallel}}FG$,所以$EFGH$是平行四边形. (2) 当$AC=BD$时,$EFGH$为菱形;当$AC=BD$,$AC\perp BD$时,$EFGH$为正方形.

8. $S_{\triangle CDF}=9$

9. 提示:因为BF为$\mathrm{Rt}\triangle ABC$斜边上的高,所以$BF^2=AF\cdot FC$,又可证$AG=BF$,所以$AG^2=AF\cdot FC$.

10. (1)证明:因为$AD\parallel BC$,所以$\frac{EO}{BC}=\frac{AE}{AB}=\frac{DF}{DC}=\frac{OF}{BC}$,所以$EO=OF$.

(2)解:$\frac{OE}{AD}+\frac{OE}{BC}=\frac{AE}{AB}+\frac{BE}{AB}=1$.

(3)证明:由(2)知,$\frac{1}{AD}+\frac{1}{BC}=\frac{1}{OE}=\frac{2}{EF}$.

习题 3.2

1. 证略

2. (1) $\frac{2S}{a+b+c}$ (2) $\frac{a+b-c}{2}$ (3)$3<c<17$ (4)8

3. 解:设两直角边的长分别为a,b,因为斜边长为2,则$a+b=1+\sqrt{3}$,且$a^2+b^2=4$,解得$ab=\sqrt{3}$,所以$S=\frac{1}{2}ab=\frac{\sqrt{3}}{2}$.

4. 提示:可利用面积求证

5. $6+4\sqrt{3}$

6. 提示:连接CM,证$\triangle MAC\cong\triangle AMN$.

7. 解:在AC上取点E,使$AE=AB$,则$\triangle ABD\cong\triangle AED$,$\angle B=\angle AED$. 又因为$BD$

$= DE = EC$,所以 $\angle C = \angle EDC$,所以 $\angle B : \angle C = 2 : 1$.

8. 提示:可证 $\triangle ADF \cong \triangle FCE$,因而 $\angle AFD$ 与 $\angle CFE$ 互余,得 $\angle EFA = 90°$.

9. 证明:在 AB 上取点 E,使 $BE = BC$,则 $\triangle BCD \cong \triangle BED$,且 $AE = ED = DC$,$\angle C = \angle BED = 2\angle A = \angle A + \angle B = 180° - \angle C$,所以 $\angle C = 90°$.

10. 提示:先证 $\triangle ACE \cong \triangle CBF$,得 $CE = BF$;再证 $\triangle CGE \cong BDF$,得 $BD = CG$.

习题 3.3

1. (1)B　(2)A　(3)B

2. 解:取 AB 的中点 M,连接 CM,MD,则 $CM \perp AB$,$DM \perp AB$,且 C,O,M,D 四点共线.因为 $OM = \sqrt{17^2 - 15^2} = 8$ cm,所以 $CM = 25$ cm,$DM = 9$ cm,故 $AC = 5\sqrt{34}$ cm,$BD = 3\sqrt{34}$ cm.

3. 提示:因为 O 到 AB,CD 的距离分别为 3 cm,4 cm,则梯形的高为 1 cm 或 7 cm,故梯形的面积为 7 cm^2 或 49 cm^2.

4. 提示:由半径为 3 cm,$OE = 2$ cm,$OF = \sqrt{3}$ cm,可得 $CD = 2\sqrt{6}$ cm.

5. 外公切线的长为 12,内公切线的长为 $4\sqrt{3}$.

6. $AB = 8$ cm.

7. 提示:作 $CM \perp AD$ 于点 M,由 $AB = 13$ cm,$CM = \frac{60}{13}$ cm,可得 $AD = \frac{10}{13}\sqrt{133}$ cm.

8. $AB = 120$ cm.

9. 提示:先证 $\angle BAO = \angle EAC$,再证 $\angle OAD = \angle DAE$.

10. 提示:先证 $\angle AEC = \angle ACE = 75°$,再证 $AE = BF = AC = CD$.

习题 3.4

1. (1)以 A 为圆心、3 cm 为半径的圆;

(2)与 l 平行,且与 l 的距离为 2 cm 的两条平行线;

(3)与 AB 平行,且与 AB,CD 的距离相等的一条直线.

2. (1)以长为 6 cm 的已知线段为弦,且在半径为 5 cm 的圆中运动所得的弦的中点的轨迹是以点 O 为圆心、半径为 4 cm 的一个圆.

(2)设 P 是所求轨迹上的任意一点,连接 PO_1,PO_2,则 $PO_1 = PO_2$.

又因为 $O_1A = O_2A$,所以 AB 垂直平分 O_1O_2.

而线段 AB 上的任意一点都不可能是和 $\odot O_1$,$\odot O_2$ 都外切的动圆圆心,

所以所求轨迹是 O_1O_2 的中垂线 AB，并除去线段 AB，如右图所示.

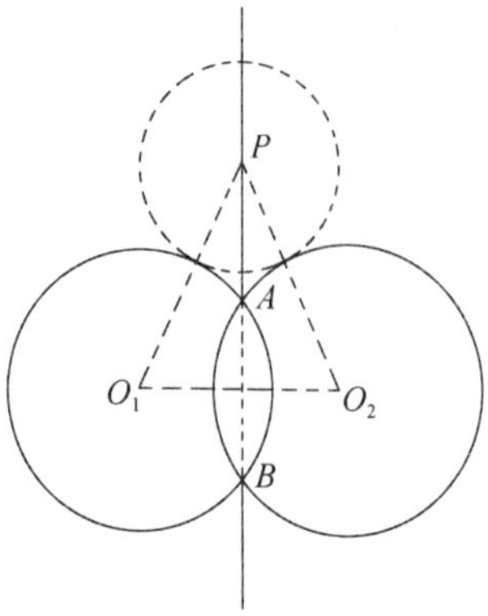

第 2 题图

3. 图略，有 2 个.

4. 解：由题意知，动点 P 满足 $|PA|=|y|+1$，即 $\sqrt{(x-3)^2+(y-4)^2}=|y|+1$. 当 $y>0$ 时，整理得 $x^2-6x-10y+24=0$；当 $y\leqslant 0$ 时，整理得 $x^2-6x-6y+24=0$，变形为 $(x-3)^2+15-6y=0$，此方程无轨迹.

故所求的轨迹方程为 $x^2-6x-10y+24=0(y>0)$.

5. 解：设 $A(x,y)$，则 $D\left(\dfrac{x}{2},\dfrac{y}{2}\right)$，

所以 $|CD|=\sqrt{\left(\dfrac{x}{2}-5\right)^2+\dfrac{y^2}{4}}=3$，

化简得 $(x-10)^2+y^2=36$.

由于 A,B,C 三点构成了三角形，

所以点 A 不能落在 x 轴上，即 $y\neq 0$.

故所求的轨迹方程为 $(x-10)^2+y^2=36(y\neq 0)$.

6. 解：根据垂径定理，知 $OP\perp PM$，

所以点 P 的轨迹是以 OM 为直径的圆且在 $\odot O$ 内的部分.

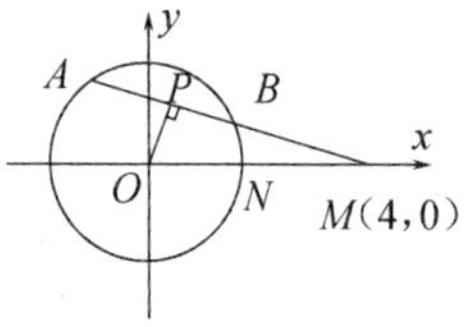

第 6 题图

因为以 OM 为直径的圆的方程为 $(x-2)^2+y^2=4$，它与 $\odot O$ 的交点为 $(1,\pm\sqrt{3})$，结合图形（见右图）可知，所求的轨迹方程为 $(x-2)^2+y^2=4(0\leqslant x<1)$.